青年出版工程丛书

上海青年管理干部学院资助出版

U0965897

读懂当代青少年

——当代青少年发展研究散论

（上卷）

刘宏森 著

華東理工大學出版社
EAST CHINA UNIVERSITY OF SCIENCE AND TECHNOLOGY PRESS
·上海·

图书在版编目(CIP)数据

读懂当代青少年 ：当代青少年发展研究散论. 上卷 / 刘宏森著. —上海：华东理工大学出版社，2019.3
(青年理论与实务丛书)
青年学出版工程
ISBN 978-7-5628-5792-1

Ⅰ. ①读… Ⅱ. ①刘… Ⅲ. ①青少年—发展—中国—文集 Ⅳ. ①D432.6-53

中国版本图书馆CIP数据核字(2019)第045468号

内容提要

本书收录了作者多年来青少年研究的部分成果，分上下两卷出版。上卷聚焦“当代青少年特质研究”和“青少年研究批评”两方面的内容，讨论了如何准确把握当代青少年特征特质，如何开展青少年研究等现实问题。全书注重把握具有较强现实针对性、具有重大理论和实践意义的内容，注重对概念和内在逻辑的界定与梳理，文字平实、晓畅。本书对于从事青少年研究、思想政治教育、共青团工作、高校辅导员工作、青少年工作等的人员具有一定的参考价值。

策划编辑 / 刘　军
责任编辑 / 孟媛利　刘　军
装帧设计 / 徐　蓉
出版发行 / 华东理工大学出版社有限公司
地址：上海市梅陇路130号，200237
电话：021-64250306
网址：www.ecustpress.cn
邮箱：zongbianban@ecustpress.cn
印　　刷 / 江苏凤凰数码印务有限公司
开　　本 / 710 mm×1000 mm　1/16
印　　张 / 13.25
字　　数 / 183千字
版　　次 / 2019年3月第1版
印　　次 / 2019年3月第1次
定　　价 / 69.00元

青年研究：在关注现实和梳理历史中提升

（代序）

改革开放四十年来，我国青年研究适应迫切的社会需求而起步发展。中国社科院1978年底创办了《青年研究》杂志，这成为新时期中国青年研究起步的重要标志。1980年底，中国社科院成立青少年研究所，1984年4月，中央团校主办第一届全国青年工作理论研讨会，1991年7月，团中央成立中国青少年研究中心。在此期间，全国各地陆续建立了近二十家分属共青团系统、团属院校和地方社会科学院的省、市级青少年研究机构。四十年来，几代研究者前赴后继，推出了多种版本的"青年学"教材，出版了很多具有较高学术水平的专著和论文集；全国二十多家公开出版和内部发行的青年研究学术期刊，成为青年研究的重要平台和阵地；形成了由共青团系统研究者、高校社科领域学者和社科院系统的学者共同组成的青年研究队伍；中国青少年研究中心和各省市相关机构发布的青年研究课题已经形成系列和体系，融入中国哲社学术研究中。总之，经过四十年的发展，中国青年研究"从以往单学科的研究，走向了多学科与跨学科研究的综合"（陈亮，2002），越来越受到社会的关注和学界的重视。

但是，早在2000年，青年研究学者沈杰就发出了疑问："'青年研究'何去何从?"陈亮则追问："相对的繁荣并不意味着它已经成熟，纵观当前我们的青年研究，意义生成的同时是否仍应反思：我们还缺什么?"令人遗憾的是，十多年过去了，青年研究依然"繁荣"而并不"成熟"。2016年，知名青年研究学者谢维和教授发出感叹："青年研究目前在中国仍处在一个比较尴尬的局面：一方面，改革开放以来关于青年的研究已有了非常大的进步；另一方面，青年研究的质量和学术水平却常常难以满足政府、青年组织、教育部门的需要，并且时常受到社会和人们的质疑与批评，以至于在学术界常常得不到专家学者的认可。"近年来，青年研究界举行的一系列研讨会都围绕如何不断提升青年研究的水平进行了探讨。比如一年一度的"中国青少年发展论坛"。不少省市的青年研究界也纷纷展开研讨。其中，上海青年研究中心、《青年学报》在这方面的研讨较为集中。上海青年研究中心、《青年学报》联合举办了 2015 年的"青年研究百年"研讨会，2016 年的"青年研究：新视野、新问题与新方法"研讨会，2017 年的"青年历史研究与青年学科建设"学术研讨会等。在研讨中，青年研究界的许多知名学者普遍认为：青年研究大有可为，但现在在理论和方法上，甚至在对青年的分类研究和基本概念的界定上，都还存在着一些基本的问题，且亟须得到解决。学者们的意见和关切集中于一点：青年研究应该如何提升研究质量和学术水平？

我认为，唯有从强化现实关怀、加强历史梳理等方面入手，全面了解、深刻理解和准确把握历史上和现实中的"青年"，才能真正推进中国青年研究走出"碎片化、平面化、功利化等流弊与困境"，不断走向"成熟"。

一、青年研究必须强化现实关怀

我国青年研究起步于 20 世纪 70 年代末 80 年代初。当时，刚刚结束"文革"动乱的国家百废待兴，面临着很多社会问题。其中，青年问题尤其突出：1 700 万知青返城造成巨大的就业压力；整整一代青年的学业被荒废；社会思想道德观念和社会风气被"四人帮"搞乱，青少年理想失落、价值失重、心理失衡、行为失范……所有这一切，都体现了"社会问题青年化和青年问题社会化"的特征。青年问题赋予社会问题强烈的青年色彩。党和政府对此高度重视，要求社会科学领域的专家学者加强对青年问题和青年的研究。可以说，以强烈的问题意识直面青年生存和发展中的种种问题，这是四十年来中国青年研究事业发展的基本追求,也是宝贵经验。

随着改革开放的不断深入和社会的急剧变化,随着互联网越来越广泛、深入地渗入人们的生产生活之中,青年的视野日益开阔;青年思维方式、价值理念和行为方式的变化日益加剧;青年世代转换的频率日益加快;青年群体的分化现象日益明显;青年日益走进社会发展的前台,在新技术发展、产业发展、社会生活风尚、消费等文化和经济的多方面,具有了越来越大的话语权,影响甚至引领着时代的发展。从一定意义上讲,青年不仅是国家和民族未来的代表,也是当今社会的重要代表。但同时,他们在教育学习、就业创业、社会参与、婚姻爱情、权益维护等多方面也面临着问题和困难。如何准确把握当代青年这样的"新人类",如何更好地帮助他们应对生存和发展中的种种新问题,是摆在青年研究者面前的重大课题。近年来,一些青年研究者主动走进"田野",走进青年,在与青年的长时段、多侧面的互动中,对当代青年有了更全面深刻的了解和理解,推出了不少佳作,如廉思的"蚁族""工蜂"研究系列,黄海的"街角青年"研究系列,马中红及其团队的青年亚文化研究系列等。这些优秀的研究成果视野开阔,深耕聚焦,有助于人们透过当代青年的生活与行为,更加全面、深入、准确地把握其思想与价值、困惑与追求。同时,它们也启示人们:青年研究唯有以热爱青年、关怀国家和民族未来的情怀,以科学的态度和方法,积极应对、准确把握青年中的种种新现象和新问题,方能不断体现和提升自身的社会价值。

二、青年研究必须重视历史梳理

准确把握青年的本质,是研究青年的重要目标。而青年的本质是在其长期发展的历史过程中逐步形成和体现的。缺乏对青年的历史和历史上的青年的了解和把握,必然会直接影响人们对青年本质的把握。因此,要说清楚青年的本质,就需要从青年的历史和青年的现实这两个维度,进行长期的深入研究和学术积累。毋庸讳言,由于资料的匮乏等多方面原因,人们对青年的历史和历史上的青年,还缺乏更多的了解。

长期以来，人们对青年的历史问题存在着不同意见。田杰的研究发现，“比较通行的看法是，青年作为一种特殊社会群体和社会力量的产生是在西方近现代工业革命之后，青年的产生是一种‘现代性的后果’或现代化进程中的伴生现象，青年历史叙事的起点自然也应是现代社会的开端”（田杰，2017）。这种说法有一定的道理，却也有些似是而非，令人难解狐疑——在人类发展的历史长河中，工业社会以来的数百年只占很小的一段。如果说青年是工业社会的产物的话，那么，在工业社会之前的漫长古代社会中，难道就没有青年？事实上，这里存在着混用“年轻人”和“青年”这两个概念的问题。很显然，“年轻人”主要是一个年龄的概念，“青年”则主要是一个文化的概念。“青年”是“年轻人”，但“年轻人”却未必是“青年”。“年轻人”古已有之，有了人类，就有了“年轻人”。在传统社会里，“年轻人”分散在各个部落和各个家庭里生活生长，接受着前辈的指导，学习着各种各样的生存和发展技能。在此情况下，“年轻人”还没有体现出一种超越年龄的文化和社会阶层意义，还不是“青年”。从“年轻人”到“青年”，其间经历了一个特殊文化的发生，以及特殊文化赋予“青年”以本质的过程。这种特殊文化就是“青年文化”。从“年轻人”到“青年”，与“年轻人”通过多种平台（比如学校、工厂，以及互联网等其他形式）聚集直接相关。通过聚集，原先分散的“年轻人”得以相互交流，相互启发，甚至相互冲突。在交流、启发乃至冲突中，其原本各异的思想情感、价值理念激荡在一起，以远超一加一等于二的态势逐步融合形成了为众多成员所普遍接受和内化的新的思想情感和价值理念，这就是人们所说的“青年文化”。由此，“年轻人”聚集、融合、建构为一个新的社会阶层，“青年”诞生了。很显然，聚集、平台、融合、包容等是“年轻人”向“青年”演化过程中的几个十分重要的节点，也是研究“青年”发展过程的重要概念。这些概念相互联系，共同构成了“青年”发展过程的历史与逻辑框架。研究和把握这些概念的内涵与外延，有助于更好地认识和把握“青年”是怎么来的、“青年”的本质是什么等“元问题”。

当然，这些概念及其构成的框架还只是一种理论的假设。在中外历史上,不同时期的“年轻人”通过哪些平台,如何聚集,“年轻人”群体内部如何融合不同的思想价值,“年轻人”群体如何在与社会的互动中取得生存和发展的空间……这些都需要通过钩沉爬梳,进行系统的梳理才能逐步得到确证。需要指出的是,梳理历史并不意味着一头扎进故纸堆中,关注当下青年发展的历程,如改革开放四十年来中国青年发展的历程,也是一种历史的梳理。改革开放前后的中国青年之间有哪些区别,这些区别是如何造成的;再比如,互联网作为一个聚集的平台,在当代青年文化和群体特质的建构过程中起着怎样的作用等,同样具有历史梳理的价值和意义。钩沉爬梳青年的历史是一项“板凳一坐十年冷”的艰苦工作。令人欣慰的是,一些优秀研究者甘坐“冷板凳”,潜心梳理青年历史,近年来推出了一些佳作。比如田杰关于青年历史研究的一系列论文,陈映芳关于中国传统社会中青年特殊社会角色的梳理等。尤其令人感佩的是,年近九旬的谢昌逵老先生以八年泡图书馆的爬剔梳理之功,几易其稿,撰写了《青春奥秘——青年的历史存在与社会角色》一书。该书出版并由《青年学报》刊载系列评论后,引起了中国青年研究界的广泛关注。他们的努力给青年研究界以深刻的启示:青年研究者们唯有耐得住寂寞,“十年磨一剑”,方能促进青年研究更好地进行知识积累,进一步提升学术水平。

三、青年研究必须夯实学理基础

经过四十年的发展,中国青年研究如何在学术界得到专家学者的认可,这是青年研究界诸君应该认真思考的问题。其实,作为一种因应社会需求而生的社会科学研究领域,青年研究要赢得学术界专家学者的认可,关键在于不断强化现实关怀、加强历史梳理,在准确把握青年的现实和历史等方面,拿出高质量、高水平的学术研究成果。而要拿出高质量、高水平的学术研究成果,青年研究界要像其他社科研究领域一样,要努力摒弃急功近利的行为方式和陋习。要潜心走近、走进当代青年的生活之中,通过扎扎实实的调查研究,而不是“数据当家”式的“实证研究”,努力准确把握当代青年的特质;要严格遵循逻辑规律、学术规范,严谨治学,帮助人们透过种种青年现象和问题,更准确、更深入地把握青年的特质、青年现象和问题背后的实质。

同时,要努力强化学术训练。多年来,青年研究中存在着许多问题:诸如“问题意识”不强,研究选题低水平重复;实证研究不“实”,调查简单化、零散化、随意化,调查结果可信度低;逻辑规范不严,思维少严谨、概念少界定、问题少归纳、原因少梳理、对策少依据等。所有这些问题的产生和形成,皆与一些青年研究者研究能力不足直接相关。而研究能力不足,又与学术训练不够直接相关。从一定意义上讲,当下青年研究缺乏的不是研究范式、实证研究方法、后现代理论和方法等方面的高深理论,而是问题把握、概念使用、论据把握、逻辑推理、思维层次安排、切入口选择等多方面的基础性科研能力。在当下青年研究学术期刊的作者中,不少人是团干部和团属院校的教师,还有相当一部分是高校辅导员。毋庸讳言,在他们中间,高水平的研究者可谓凤毛麟角,大多数研究者有参与青年研究的热情,但其学术训练普遍不够,难以拿出高质量的青年研究成果。因此,一方面,要整合力量,强化对这些研究者的学术训练,帮助他们提高研究能力;另一方面,要充分发挥青年研究学术团体、学术期刊等的作用,吸引多学科社科研究界的高水平学者参与青年研究。其实,青年研究本来就是一个需要社会学、心理学、教育学、政治学、文化学、人类学等多学科视角审视与介入的研究领域;运用多学科理论和方法进行研究是青年研究的基本需求。

四十年来,青年研究的不少优秀成果往往就出自多学科社科研究界高水平学者的笔下。比如,陈映芳的《“青年”与中国的社会变迁》、程巍的《中产阶级的孩子们》、吴端的《寂静的青春——儒学民众化与青年现象的消失》等作品一经推出,便引起青年研究界的广泛关注和高度认同。这就启示青年研究界,青年研究是一个开放的领域,是一个需要多学科社科研究界的高水平学者“众人拾柴火焰高”的朝阳研究领域。

(原载于上海社会科学院《社会科学报》2018 年 3 月 1 日第 5 版)

目　录

第一编　当代青少年特质研究

第二编　青少年研究批评

第一编

当代青少年特质研究

从贬斥的谷底，骤升至褒扬的巅峰，以“80后”为先锋的当代青少年在人们心中、口中，忽而是怪物，忽而为天使，大起大落，大沉大浮，如同坐了“过山车”。这一现象告诉我们，对当代青少年，我们还缺乏准确的认知和把握。所谓“××后”的标签，其实就是人们试图认知和把握当代青少年的阶段性产物。当今之世，要想走下认知的“过山车”，准确把握当代青少年的特质，成人社会只有加强学习，向“80后”，乃至向“90后”“00后”学习，向新生事物学习。除此之外，还有其他更好的途径吗？

“新现实”：当代青年代表着未来，也日益代表着现实

一、当代青年已经成为现实的重要代表

2000年5月，中共上海市委召开了上海市青年工作会议。这是改革开放二十年来，上海共青团事业发展历程中的第一次。这次会议提出了构建上海青年工作新格局的总体目标，划拨党费支持共青团事业，建立上海市青年工作联席会议制度。市政府专门设立“上海市青少年科技创新市长奖”，实施“青年职业见习补贴计划”，并将“加强青少年保护、支持青少年就业创业、制定和实施青少年发展规划”写入了《政府工作报告》，并建成了“东方绿舟”——上海市青少年校外活动营地等青少年文化活动阵地。这些都为上海青年和青年工作创造了前所未有的机遇和环境。

上海市青年工作会议的召开，标志着上海市的共青团工作和青年工作进入了一个新的时期。这次会议准确把握了现实的青年社会的新动向，把握了现实的青年社会在整个社会发展中所处地位的新变化。这些新动向和新变化就是：在以现代信息技术等新兴经济、文化产业为基础的社会条件

下，青年不仅仅代表着未来和希望，也越来越多地代表着我们所面对着的现实。这就是我们所面临的“新现实”。可以从以下四个方面来考察这个“新现实”。

——在当今许多朝阳产业中，青年已经成为骨干力量，占据了主体性地位。网络信息、广告设计、新闻出版、律师业务、项目企划、对外贸易……这些充满生机和活力的新兴产业，大多是最近几年发展起来的。对于许多中老年人来说，这些是相对陌生的领域，与他们已经从事了许多年的熟悉的行业之间有着较大的距离。而对于青年来说，这些产业发展成熟的过程，是与他们自己的成长同步的过程。仿佛在不经意之间，他们就成了本行业中的骨干和专家。

据 2000 年 6 月 12 日《文汇报》报道：上海科研和高新技术领域形成博士群体和企业家群体，1.8 万平均年龄 35 岁左右的留学回国人才队伍，以其“知本”和“资本”相融合的优势，已经成为上海与世界先进水平争锋的有生力量。如果再加上那些未留学、在国内成长起来的年轻人，这支在高新科技领域中崭露头角的青年高级人才队伍还要庞大。从某种意义上说，在这些新兴行业中，这些年轻人不仅代表了行业自身发展的未来趋势，也代表着行业发展的现实状况。

——在这些年中，社会生活面貌、风尚变化更迭的幅度前所未有，变化的频率也已让人暗生赶不上趟的感觉。时装、电脑、网络、WAP 手机、滑板、蹦极、跳舞毯、追星潮、足球热、茶桶……所有这一切，都将我们的社会生活装点得五彩缤纷。特别值得注意的是：所有这一切生活风尚的变化和更迭，都是以当代青年为主要发动者的。可以说，没有当代青年这一主要发动群体，就没有我们今天这五彩缤纷的生活面貌。

——从消费角度看，当代青年已经成为当今社会中主流性、主导性的消费群体。大小商店中琳琅满目的多为青年用品。商品的设计和推出，广告的主诉倾向和说服意向，皆以诱导、迎合青年的消费口味和需求为旨归。掏出青年人口袋中的钱，已经成为当今商家不约而同的主要努力方向。从总体上讲,青年的世界已经成为社会生产最为重要的市场。就家庭而言,青年已经成为家庭中的消费"大户"。衣、食、住、行、求学、就职、创业、婚恋、成家……在这一幕幕人生剧目中,青年无不向社会提供着越来越大的消费市场。消费群体直接影响着现实社会生产的组织、规模、运营状况。这是一个基本的规律。当代青年这个消费群体日益壮大,也就意味着当代青年这个群体对现实社会生产的影响力越来越大。

——从收入状况看,当今社会高收入阶层中,年轻人所占的比例也越来越大。白领阶层、年轻老板、收入颇丰的自由职业者群体……这些青年群体在人群中十分引人注目。之所以如此,其主要原因之一就是他们具有较高的职业性收入。许多家庭中,父母亲工作了一辈子,但收入往往比不上其子女。这样的情况绝非个例,相反,具有越来越强的普遍性。在一般情况下,经济基础往往影响甚至决定着人们在人群中的话语权和实际地位。这一点对于当代青年来说同样适合:由较高的职业性收入构筑而成的较为雄厚的经济基础,使当代青年在现实社会中有了更多的话语权。

从以上分析可以看出,当代青年在现实生活中作为骨干和核心力量直接影响着新兴、朝阳产业的发展;作为主要发动者,直接影响着社会生活的面貌和风尚;作为主导性消费群体,直接影响着社会的生产;作为具有较高收入的社会阶层,在社会生活中有了越来越多的话语权。种种因素的叠加,使他们已经成为我们现实社会生活中趋向性层面的代表,乃至于标志性阶层。正因为如此,他们不再只是前辈面前低眉垂目唯唯诺诺的后生小辈,而成为理直气壮的主动话语者。在新兴的科学技术和新型的生产、生活方式面前,他们在社会生活中无疑比前辈拥有了更多的话语权和地位。

从历史角度看,当代青年具有这样的社会优势地位和社会影响力,在社会舞台上有了越来越多的主动话语权,成人社会需要更多地向青年社会学习,这是有史以来罕见的社会景象,甚至几乎是史无前例的。尤其是在讲究资历的中国社会背景下,这种社会景象更是极其醒目。可以说,在以往的时代中,青年很少真正拥有过主动话语权。比如在"文革"中,虽然青年是社会生活中最为引人注目的群体，但是他们要么被要求在“阶级斗争的大风大浪中”锻炼自己，要么被要求到农村去“接受再教育”。因此，无论是大串联还是上山下乡，在所有这些轰轰烈烈的社会行为中，青年都没有真正拥有过主动话语权。在时代的浪潮面前，青年无疑既是时代大潮冲击下的被裹挟者，也是推波助澜者，唯独不是主动话语者。

青年越来越多地意味着我们所面对着的“新现实”，其核心就在于青年在当今社会生活中拥有了越来越多的话语权：在社会生产方式的嬗变、生活风尚的塑造、社会消费潮流的发起、社会财富的拥有份额等方面处于优势地位。

二、当代青年的“话语权”来自社会的飞速发展

从根本上说，当代青年获得的越来越多的主动话语权、优势的社会地位和角色，主要是中国社会最近二十年发展的结果。当代青年赶上了一个好时代。这个好时代赋予了他们主动话语权和优势社会地位、角色。

二十多年前的思想解放运动打破了政治、思想、文化的种种桎梏，“改革”“开放”“发展”成为社会生活的主旋律。许多思想、理论上的问题经历了多次反复以后，逐步得以廓清。社会生活的思想、文化环境越来越走向宽松、民主、自由。在这样的社会环境下，年轻人比前人拥有了更多言谈、举止的空间。绝大多数当代青年的成长过程与当代中国社会改革开放的过程同步。他们自身就是中国社会改革开放的产物。绝大多数当代青年记事之时，“改革”“开放”“发展”等已经经历了许多历史反复，成为社会生活的主旋律，成为他们现成地面对的“天然”事实。于是，相对于前辈，他们更少被传统思想和文化熏陶，而更多地得到了种种新思想、新文化的洗礼。他们是种种流行思潮、流行文化的受众，也是参与者和发动者。因此，对当代社会生活中的种种新事物、新现实，他们比前人更能习惯，更能理解，更能接受，也更能掌握。由此，对当今的社会生活，他们有了更多的主动话语权。

最近这二十多年，正是世界范围内新技术革命如火如荼的二十多年。

以现代信息技术、生物技术等为代表的现代科学技术突飞猛进，其发展的速度前所未有，其对社会生产力的强力推进和对社会生活的深远影响也是史无前例的。可以说，这二十多年中现代科学技术的发展对社会生活的影响，几乎相当于此前一百多年的总和。

对于整个社会来说，这二十多年中现代科学技术的发展，意味着一个全新的事实——全新的领域、全新的对象、全新的途径、全新的运作、全新的体认。在这个全新的事实面前，许多老方法和旧经验往往失灵，难以“适销对路”。

绝大多数当代青年的入学求知过程与现代科学技术的发展过程基本同步。对于绝大多数当代青年来说，他们在小时候就已经接触到了许多新科技的“皮毛”。新科技的发展过程就是他们习得的知识深化的过程。20 世纪 80 年代，邓小平同志说：电脑要从娃娃抓起。许多当代青年正是 20 世纪 80 年代的“娃娃”。从 286、386、486、586，直到奔腾Ⅰ、奔腾Ⅱ、奔腾Ⅲ、网络通信、网络生存等，电脑科技在飞速发展，当代青年也从“娃娃”长大“成人”。于是，各种遥控器、器械、证券与期货……各种新鲜玩意儿对他们来说绝非陌生的东西，而是和他们一起成长，为他们所熟悉的事物。因此，他们比前人更熟练，更加游刃有余地操弄着前人陌生的一切。由此，一旦离开学校，他们几乎理所当然地便进入了许多新兴产业，成为许多新领域中的主动话语者。

另外，社会生活水平的提高，独生子女政策的推行，使得越来越多的当代青年得以接受系统完整的教育，乃至各类高等教育。相对而言，这些教育使当代青年具有了更新的知识背景和更强的理解力，能够更好地适应新兴产业、新的生产领域的要求，使得他们可以在更高的知识层次上发展自己的事业。相对而言，当代青年在这方面所具有的优势十分明显。

综合上述，我们可以清晰地看到，正是最近这二十多年中社会生活环境的巨大变化，为当代青年的成长和发展提供了前所未有的特殊条件。正因为如此，在精神世界的开放程度、总体文化水准、熟悉新技术等许多方面，当代青年才与前人有了很大的不同，才越来越多地在这个飞速发展的世界中拥有了更多的主动话语权。可以说，当代青年之所以能够占据今天这样的社会优势地位，更多的只是因为他们赶上了好时代。

三、要正视当代青年自身的不足

对于当代青年来说，赶上了好时代既是幸运，同时也“孪生”了某些不足。

幸运的是，他们是享受着改革开放的伟大成果成长起来的。宽松、开放、新科技飞速发展、地球村牵一发而动全身等，构成了他们成长发展的“天然”环境。他们少了许多“主义”之争，少了许多歧路彷徨的挤迫；同时，他们一开始就接触到了当今世界最新的科学技术、文化成果，一开始就顺应了现代科学技术发展的方向。许多人绕过了“BASIC”“DOS”，一开始就直接接触到了“Windows 98”和“@”“. COM”等。这使他们得以在更高的起点上充实自己，发展自己的事业。相对于走过很多坎坷路的前人，他们一开始就站到如此高的起点上，这无疑是一种幸运。

但是，缺少许多歧路的彷徨与挤迫，一脚就跨上通衢大道，这从另外一种意义上说，也不免少了许多苦苦探索中获得的正反两个方面的深刻体验和丰富积累。思想的深邃往往来自不同思想之间的争论，来自歧路彷徨中的抉择和不断修正。当代青年固然少走了许多弯路，却也失去了许多在艰难抉择中走向深邃和丰富的机会。比如对“发展是硬道理”，当代青年是视为理所当然的，因为他们从小就生活在重视“发展”的社会环境中。但是，很显然，当代青年中的许多人难以从正反两个方面的历史经验中真正体会到这一理念的确立是如何不易，也难以真正感受到中国社会今天的发展局面的可贵。从某种意义上讲，这使他们在对世界对人生的体认上，常常不如前人那么深刻。同时，在困境面前，他们的坚韧不拔的精神力量也明显不如前人。

如此，“知其然，而不知其所以然”便常常成为一部分当代青年的某种思想文化特征。这一点从许多青年所热衷的种种"快餐文化"中就可以清楚地看到。许多"快餐文化"往往是人云亦云的复制,而极其欠缺独到深刻的亲身体验。对这些"快餐文化",许多青年如同到超市搬回商品一样,往往只是现成地接受,并且着意模仿,甚至以此作为自己的行事标准。他们甚少由此出发做深层的探究。在一些青年群体中,"深层探究"往往被视为落伍之举。他们已经习惯"现成"的东西了——速冻小包装食品、速溶咖啡……一直到歌里现成的恋爱方式、生活方式。很显然,这对当代青年的文化建设和健康发展是非常不利的。

一些当代青年往往只关注实用技术,而忽视基础理论的学习和涵养。用电脑、学外语、考证书,更多只是为了尽快谋职、就业、挣钱,而不是视为进一步扎实知识根基、磨砺自我的必要工具。这势必会对年轻人的创业和事业的纵深发展产生许多负面的影响。落实到实际生活中,表面上看,许多时髦行当中晃动着的都是年轻的身影,但他们往往只是因为年轻而进入这些行当中。在一些高精尖领域内,真正起到开山和支柱作用的,更多的还是一些资深人士。《新民晚报》2000 年 8 月 5 日第 4 版报道:"网络时代,年轻人的灵感满天飞,创意汩汩涌。可是真正能实现的还真不多。"通过深入了解,记者透露:在年轻人发挥着主要作用的网络新经济中,许多网站先后倒闭、垮台。甚至有人说 2000 年是"网站关门年""CEO 下岗年"。之所以如此,是因为这些网站在实际运作中主要存在着三方面的问题:烧钱快于赚钱、首席多于职员、宣传胜于实干。而这些问题的存在,与许多年轻人更多的只是注重实用而导致的知识结构方面的缺陷有着直接的关系。

当代青年拥有着前所未有的物质生活条件。温饱早已不是问题,拥有高档物品也绝非难事。可任意地消费,已经成为不少当代青年重要的生活内容和生活方式。不少人享受着丰富的物质,但往往意识不到这是改革开放成果的体现,而误以为这是他们理所当然应该享受的,就像那不用钱买的空气和阳光一样。先哲有言曰,"得之愈艰,爱之愈深""恒念物力维艰"。当代青年大都没有经历过"得之愈艰"的过程。于是,对苦日子,对创业的筚路蓝缕，对这许多年来人们创造的丰硕成果，他们往往难以产生“爱之愈深”的珍惜之情。

许多当代青年都是独生子女。独生子女往往意味着生长条件优裕，受到的关爱更多，生理发育状况良好，但是同伴稀少，合作共处能力也相对较弱。因此，对于当代青年自身来说，独生子女不仅代表着一种身份，也代表着一种特殊的成长背景和代群风格（许多论述往往以“新新人类”一词集装箱般地概括他们）。当然，“独生子女”也好，“新新人类”也罢，他们并非必然就是有问题的一代。然而，他们携带着许多为我们社会所陌生的信息和前所未遇的问题，乃是特别值得社会关注和研究的一代。

凡此种种，都使得当代青年受到了许多指责和怀疑。甚至有舆论以“××的一代”指认当代青年，特别是其中更年轻的“新新人类”。这些指认固然带有一定的主观色彩和片面性，却也在一定程度上切中了当代青年身上存在着的许多不足。但是，对于社会来说，指责当代青年身上存在着的不足是一方面，帮助当代青年克服这些不足，使之更加健康地成长起来则是更加重要的另一方面。因为，当代青年对社会来说，已经不仅仅代表着未来，也成了一种必须正视的“新现实”。

青年群体自身种种潜在的和外显的变化，乃是一种意味深长的“新现实”。应该看到，这种“新现实”给社会，特别是给共青团和青年工作提出了许多新的课题。其中最为紧迫的课题包括：在青年群体越来越成为新（当然，“新”的不一定就是“先进”的）技术和新文化的代表时，共青团如何使自身真正成为新形势下先进青年群体的代表？质言之，在越来越庞大的掌握着高新科技、孕育着种种新文化因子的青年群体面前，共青团干部和青年工作者如何进一步增强自身的话语权和权威性？共青团组织如何更好地发挥自身作为党的青年工作部门对青年社会的领导和管理作用？共青团组织如何培育新的青年工作管理和运行机制，对青年社会的具体现实状况、群体分化、思想动向等鲜活情况开展调研，进行准确把握？同时，如何在“青年联合会”等先进青年组织的基础上，建立各类外围组织、青年事务中介服务机构，以更好地团结和凝聚各方面青年中的精英，形成整体合力，并利用这种整体合力落实青年工作会议的精神，做好新形势下党的青年工作？面对这样的“新现实”，成人社会固然应该向青年人学习，以跟上时代发展的步伐；但同时，青年人更应该向成人社会学习，以克服自己身上的许多不足。在青年人和成人社会相互学习这一互动过程中，共青团组织和青年工作应该发挥重要的中介和桥梁作用。

应该看到，所有这些问题都是极其紧迫的“现实”问题。直面“现实”，特别是这样一种“新现实”，并进行科学应对，乃是新形势下共青团和青年工作者应有的正确态度。唯有如此，我们才不至于跟不上“现实”发展的步伐。

（刊载于《上海青年管理干部学院学报》2000 年第 3 期，原题为《“新现实”和我们应有的作为——关于当代青年和青年工作的一些思考》）

走下“过山车”

——关于对“80后”认知问题的一些思考

一、准确把握“80后”是一个重要课题

很长一段时间以来，“80后”青年曾被贴上种种负面标签，被称为缺失主体意识、缺失社会责任意识、精神萎靡的“垮掉的一代”[1]。但同时，人们也常常对他们不吝赞美：思维活跃，思想解放，个性张扬，追求自由，善于运用高科技手段……2008年一系列突发事件和大灾大难发生后，“80后”又以另外一种形象出现在世人面前：有爱心，敢担当，能作为，勇敢，坚强，忘我，奉献，关注国家命运，面对困难无惧无畏，善于合作，长大成熟了等。从贬斥的谷底，骤然升至褒扬的巅峰，“80后”坐着“过山车”，在人们心中、口中，忽而是怪物，忽而为天使，大起大落，大沉大浮。这一现象告诉我们，对“80后”，我们还缺乏准确的认知和把握。

“80后”是一个外延很广的概念。从纵向看，“80后”大致包括1980—1989年出生的人，时间跨度为十年左右。而这十年，是中国社会翻天覆地变化的十年。20世纪70年代末的中国社会与20世纪80年代末的中国社会，

完全算得上两个时代。时代不同,人的特质自然也不会相同。从横向看,中国幅员辽阔,东西南北与城乡均差别较大。即使同为"80后",南北方的"80后"青年,城乡之间的"80后"青年,其间也存在着多方面的差异。在这种情况下,要对其内涵——质的规定性进行高度概括、准确揭示,便是一件极其困难的事情,这就对人们的认知能力提出了很高的要求。恰恰在这方面,我们面临着一些认知上的障碍。本文将对这些障碍进行一一辨析和梳理。

需要顺便提出的是,这里的"我们"是一个笼统的说法,包含着家庭长辈、老师、社会主流机构等在内。为便于行文,后文将以"成人社会"这一同样有些笼统的概念涵盖之。

二、要避免"盲人摸象"

"80后"的主体是独生子女。对于成人社会来说,独生子女是一种新生事物,也是一种陌生的新现象。第一代"独生子女"问世后,成人社会便给予其广泛关注,并逐渐形成了两种截然不同的见解。

一是认为"独生子女是'问题儿童'"。"独生子女"在行为方面问题多,缺点严重,"表现在挑食、挑衣、不尊敬长辈、不爱惜用品和玩具、爱发脾气、无理取闹、比较自私、不懂关心别人、胆小、生活自理能力差等"[2]。在《光明日报》1986年发起的全国性独生子女教育大讨论中,专家认为当时的独生子女的问题主要有两个:1. 营养过剩,造成发育不良;2. 智力投资过剩,品德教育不足。

二是认为"独生子女不是'问题儿童'"。"独生子女与非独生子女在家庭背景和心理与行为表现方面并不存在明显的差异","独生子女甚至比非独生子女表现得更不自私、更愿意同情和帮助他人,但独生子女表现得比较娇气和依赖性较强"[3],"独生子女与非独生子女个性心理特征无显著差异;而且他们的表现与是否为独生子女无关"[4]。"独生子女"和"非独生子女"没有太大的差别。独生子女不是先天性的"问题儿童"。

可以说,今天人们对"80后""过山车"式的认知和评价,某种意义上乃是上述两种不同意见之争的一种延续。“80后”在长大，成人社会对他们的认知却始终未能摆脱争议和不确定状态。之所以如此，是因为成人社会对他们还有许多认知上的空白，还缺少足够的认知经验的支撑。

首先，需要成人社会注意的是，“80后”不是外星来客，而是成人社会含辛茹苦三十年养育出来的一代人。他们身上不可避免地打上了成人社会自身的烙印。如果说“80后”是被宠坏的一代，那么，这是不是因为成人社会让他们从小就独享着“三千宠爱于一身”的待遇，却没有向他们提供更多学习与人相处的机会？如果说“80后”中的许多人养尊处优，过不了苦日子，那么，这是不是和成人社会不遗余力、最大限度地让他们独享前所未有的优裕生活有着直接的关系呢？如果说“80后”中的一些人责任感不强、道德观念差、不懂得感恩，那么，这是不是又与成人社会中的种种怪现象有着直接的关系呢？因此，“80后”的特征和特质，实际上是成人社会塑造、雕琢而成的。如果成人社会仅仅把目光投向“80后”本身，而不同时反思成人社会养育、塑造“80后”的实际过程，是难以准确认知和把握“80后”的特征和特质的。

其次，严格来说，“80后”还没有形成稳定的代群特质。这是因为“80后”的人生画卷刚刚打开，一切都还处在起始阶段，是一个发生着的事实。一般来说，对发生着的事实，人们的认知力常常跟不上变化的步伐，更难以进行盖棺论定式的认知和把握。事实正是如此：刚刚批评他们缺乏强烈的社会责任感，他们却自发奔赴汶川抗震救灾了；刚刚担忧他们成了“月光族”，旋又欣闻他们推出了“百元周计划”；刚刚说他们很自我、不合群，他们却亲亲热热地与“驴友”搭伴出游了。种种“吊诡”的现象，让人莫衷一是，只觉认知能力赶不上他们的变化和发展。在这样的情况下，成人社会也许只能对他们进行阶段性的认知，却难以进行整体特质的把握。

最后，作为独生子女的“80后”的特质和特征，实际上是在比较中凸显出来的[①]。事实上，这种纵向的比较难以进行。“独生子女”的参照对象是谁？

① “80后”之所以成为“80后”，是因其异于前辈的价值观念、对社会的认知、个人经历，等等。

一般而言，是“非独生子女”。但究竟是共时态的还是历时态的“非独生子女”呢？若是共时态的“非独生子女”，即当代“独生子女”的同龄人的话，则难以排除“独生子女”和“非独生子女”共享的文化因子、文化氛围和文化背景对他们的共同影响；若是历时态的“非独生子女”[5]，即当代“独生子女”的父辈乃至祖辈等的话，则因为缺少祖、父辈青年时代相应的调研成果和调研指标为参照，其可比性当然也值得怀疑[6]。这就给成人社会准确认知和把握“80 后”造成了认知上的巨大障碍。

如此，人们往往更多的只是凭局部的、一时一地的感觉，对“80 后”进行判断和认知。盲人摸象式的认知和判断、种种似是而非的见解和莫衷一是的喧嚣由此产生。

三、成人社会要强化对新事物的理解力

“80 后”随着改革开放的深入降临人世。改革开放为他们提供了成长发展的特殊背景——越来越丰富优裕的物质生活环境，越来越开放宽松的社会环境，越来越多彩多元的思想文化环境。这就使得他们对种种新生事物有一种天然的亲近感和认同感。对于他们来说，丰富优裕的物质生活、开放宽松的社会环境、多彩多元的思想文化，理所当然就是世界和人生本来的样子。

“80 后”全方位吸收着一切进入视野的新事物和新信息，满腔热情地成为各种新潮和时尚的拥趸和信奉者，甚至成为一些新方法、新语汇、新规则的创造者。在种种新时尚、新技术和新规则面前，他们往往如鱼得水、驾轻就熟，逐步培养起了自己的眼光、趣味、理念和价值。他们和计算机技术、网络世界同步成长，顺理成章地成为网络虚拟世界中的主力、网民的中坚。他们创造的具有鲜明特征和风格的青年亚文化，在社会主流文化的疆域中占据了越来越大的地盘①。“人的本质不是单个人所固有的抽象物，在其现实

① 白烨在《“80 后”的现状与未来》(2006 - 03 - 25，网易社区)中介绍，北京的一个图书研究所在 2003—2004 年做过一个市场调查，大概的情形是：中国现当代文学作品占文学类图书市场的 10%，而“80 后”作者作品加上引进的少量日韩的类似青春写作的作品也占到文学类图书市场的 10%。

性上，它是一切社会关系的总和。”[7]新的社会形态赋予了“80后”新的外在形象、新的精神风貌、新的价值理念和新的行为方式。

改革开放以来，成人社会对瞬息多变的青年生活和“无主题变奏”的青年亚文化往往处于眼花缭乱、缺知少识、摸不着头脑的尴尬之中。对青年中的许多新生事物，成人社会常常排斥、抵触，继而默认，最终只得听之任之。排斥是在陌生事物面前的一种几乎本能的、直接的反应，是对可能的伤害的一种抵御性反应，如同闭塞的土著对新近闯入的外来文明的排斥一样。当然，成人社会起初排斥青年中的种种新生事物，实际上是担忧“80后”青年受到陌生事物的伤害。

担忧常常源于不明就里、不知深浅。成人社会担忧的背后，包含着的乃是对种种新现象、新事物的陌生和缺乏了解，甚至隔膜和无知。在“80后”热衷的种种文化现象面前，成人社会的隔膜和陌生甚至无知是显而易见的——进进出出互联网这个虚拟世界的路径是什么？如何网上冲浪？网上冲浪的乐趣何在？网络用语及其他各种流行语的含义是什么？“抱抱团”和“驴友”的组织方式、理念和价值是什么？“粉丝”的所求和所思是什么？对这些问题，成人社会往往处于失语状态。相对于“80后”，成人社会背负了太多经验和传统的负担，时时受到经验的“前摄抑制”①的干扰，难以像“80后”那样自然、顺畅地接受新生事物，常常只能被动、无奈地接受着“80后”甚至“90后”的“文化反哺”。

于是，成人社会缺少和“80后”对话的能力和素质，并不断在对话的平台和话语权方面“丧权失地”。然而，很少有家长、老师和其他长辈停下匆忙的脚步，融入“80后”及其热衷的各种事物之中，亲身感受他们的欣喜和狂欢，体验他们的失落和孤寂，对他们中的种种新现象，不少人往往只是以“小孩子胡搞”简单轻率地定个性，便不屑一顾了。成人社会就是这样一次次与近距离认知和把握“80后”的机会失之交臂，一次次丧失了话语权和与“80后”

---

① 前摄抑制是指先前学习对后继学习的干扰。参见皮连生：《学与教的心理学》，华东师范大学出版社1997年版，第128、146页。

乃至“90后”对话的资质，至今也难以真正走进“80后”甚至“90后”的生活，更难以走进他们的心灵深处。难以准确认知和把握“80后”甚至“90后”便顺理成章了。

四、成人社会要优化心态

中国人自古奉行“养不教，父之过”的古训，极其重视对子女的教育。成人社会不仅重视对子女进行文化知识的灌输，而且重视言行举止的校正，还重视人生发展经验和人生发展模式的传授。在独生子女的背景下，成人社会对子女教育有了更多的精力，却少了可资借鉴的教育经历和经验。于是，在对“80后”的教育方面，成人社会深感责任重大，有时难免小心翼翼，甚至战战兢兢、如履薄冰、不知所措。这种心态在《老爹》中得到了较为生动的表达——“嘿，亲爱的宝贝/饭吃饱了没/外面是个混乱的社会/小心点不要吃亏”，“人生有太多是非/得用眼泪体会/但愿你能勇敢面对”。

除此之外，成人社会期待“80后”回报的心理又在不断强化着教育“80后”的责任感和压力。

现实生活中，成人社会几乎掌握了一切物质、精神的资源。几乎“80后”生存发展所需的一切资源皆来自成人社会。布劳指出：“一个按其他人的要求提供服务的人会强制他们做出回报。”[8]因此，成人社会认为自己对“80后”拥有了种种权力：按照自己的期待、理想和设计规划“80后”的未来，规范“80后”的言行，向“80后”提供成长、发展经验模式。布劳还指出：“权力的一般优点使得那些除此之外没有其他方法偿还自己所需服务的人，能够以自己的服从作为回报。”[9]“80后”涉世未深，资源有限，除了服从成人社会的安排和设计以外，没有更多回报成人社会的办法和途径。“那些拿不出任何东西给他的人则处在一种压力之下。他们感到必须遵从其他人的愿望，按照其他人的要求行事，以偿还他的帮助。”[10]于是，在成人社会面前，“80后”不可避免地处于被动、被安排的地位和境地，经常处在一种巨大的心理压力之中。

改革开放前的中国社会中，成人社会的这种权力感在当时的青年身上得到了最大限度的满足。孩子们出生前，成人社会早就为他们人生发展的每一个阶段都做了尽可能妥善的安排。首先是物质上的安排。父母、长辈含辛茹苦，燕子衔泥般地一点点积累着财富。而所有这些财富中的绝大多数，归根到底都是为孩子们积累的。其次是人生“剧本”的安排。在成人社会的经验世界中，一个人何时进幼儿园，何时求学，何时恋爱，何时成家立业，何时当爹做妈，何时含饴弄孙……“生命周期中，一系列事件都是同样可以预测的，且按相似的顺序逐个发生。”[11]祖祖辈辈仿佛都是按照这一“剧本”一步步走过来的。一代代前辈的人生经历早就诠释了这一“剧本”的经典性。成人社会自然也希望自己的孩子服从这种“剧本”的要求来生存、发展。这是成人社会最希望得到的回报。

然而，在改革开放洗礼下成长起来的“80后”，并不愿意完全按照成人社会提供的人生“剧本”去生存和发展。在他们中的许多人看来，现代社会中人生的“社会传记式轨迹”已经被去标准化，作为生命周期标志的各种事件的可预测性特征正在被削弱。研究者发现，青年人会避免制订或执行任何长期计划。研究者称之为“当前化”(presentification)和“选择的可逆性”(choice reversibility)。而且，这种态度随着年龄的增长有增无减：在所有29岁的被访青年中，有60%的青年认为，所有至关重要的选择都是可以改变的。[12]

于是，由于常常得不到“80后”以其服从做出的回报，成人社会便会产生权力落空之感。“一个不报答恩惠的人会被指责为忘恩负义的小人。这种指责本身表明人们都期待着回报。它作为一种社会惩罚，使个体不要忘记他们对别人的义务。”[13]成人社会自然不会指责“80后”为忘恩负义的小人，更多感受到的是权力落空导致的巨大心理落差，以及由此掀起的情绪波澜。波澜起伏之时，他们不免油然而生对“80后”的失望之情。失望的情绪势必会直接影响到成人社会对“80后”的判断和认知。于是，“80后”的服饰，成人社会常常看不顺眼；“80后”的语言，成人社会常常听不顺耳；“80后”的做派，成人社会常常看着别扭；“80 后”的时尚，成人社会常常看不下去……总之，一切都不顺眼，一切都不称心。“80 后”在成人社会眼中便成了“垮掉的一代”“迷惘的一代”。

期待回报也许算得上人之常情。问题在于，要求“80 后”以服从成人社会作为回报，好比提供了舟楫，却强求渡客驶向规定的方向一样，难免一厢情愿、一意孤行，难免会强化代际冲突。在这样的情况下，成人社会怎能客观、准确地认知和把握“80 后”的特征和特质呢？

在当今中国社会中，“80 后”是需要给予更多关注的一代人。首先，“80 后”已经成为当代青年的主体。其次，作为改革开放的产物，“80 后”成长的过程与改革开放进程同步。他们身上，积淀了传统与现代，民族与世界，政治与经济、文化在这些年中交融激荡的整个过程。从某种意义上说，“80 后”青年是中国社会改革发展的“活化石”。最后，“80 后”是当前共青团工作和青年工作的主要对象。当下共青团工作和青年工作中遇到的许多新问题、新情况，如基层共青团组织空心化问题、团组织吸引力和凝聚力下降的问题、团活动难以吸引年轻人、网络世界挑战共青团工作的传统模式问题等，其实都和他们的特征和特质有着直接的关系。因此，准确认知和把握“80 后”的特征和特质，是需要社会高度关注的一项重要任务。

前文的梳理和分析已经告诉我们，成人社会缺乏对新生事物的了解和理解，这是制约他们准确认知和把握“80 后”特质的关键因素。“80 后”是改革开放以来种种新生事物催生出的“宁馨儿”。因此，只有更好地认知和把握种种新生事物，成人社会才能更好地认知和把握“80 后”；只有更好地认知和把握“80 后”，成人社会才能拥有更多的话语权，才能更广泛深入地与“80 后”对话、沟通；只有更广泛深入地与“80 后”对话、沟通，成人社会才能把过来人的心得、经验和智慧，润物细无声地传授给“80 后”（包括“90 后”），使他们把新理念与前人的经验更好地熔于一炉，不断调整自己的言行，校正发展的方向，成长为未来社会的栋梁之材。

要想走下认知和把握“80 后”的“过山车”，成人社会只有加强学习，向

“80后”（乃至“90后”）学习，向新生事物学习。除此之外，还有其他更好的途径吗？对“80后”如此，往长远了看，对“90后”“95后”，乃至“00后”，不也同样应该如此吗？

（刊载于《山东省青年管理干部学院学报》2009年第2期）

参考文献：

[1] 唐献玲，张成飞. 代际分析80后大学生的群体精神状况[J]. 科技信息（学术研究），2007(29).
[2] 苏颂兴. 上海独生子女的社会适应问题[J]. 上海社会科学院学术季刊，1997(2).
[3] 刘云德，等. 独生子女与非独生子女比较研究调查报告[J]. 人口学刊，1988(3).
[4] 浙江医科大学人口所独生子女课题组. 关于独生子女健康、学习和生活状况的调查[J]. 人口学刊，1992(6).
[5] 高中建，孟利艳. “80后”现象的归因及对策分析[J]. 中国青年研究，2007(10).
[6] 刘宏森. 关于构建和谐社会和青年发展的一点思考[J]. 中国青年政治学院学报，2006(2).
[7] 中共中央马克思恩格斯列宁斯大林著作编译局. 马克思恩格斯选集（第一卷）[M]. 北京：人民出版社，1995.
[8][9][10][13] 布劳. 社会交往的结构[C]//谢立中. 西方社会学经典读本. 北京：北京大学出版社，2008.
[11][12] [法]让-查尔斯·拉葛雷. 青年与全球化：现代性及其挑战[M]. 陈玉生，冯跃，译. 北京：社会科学文献出版社，2007.

隔笼戏虎：青少年网络生存的别样风景

一、“隔笼戏虎”的含义

（一）“隔笼戏虎”是一种隐喻

先想象一个场景：隔笼戏虎——困于铁笼之内，利爪利齿外加一条钢尾，再有百兽之王的威风，老虎也奈何笼外戏虎之人不得。隔着道道铁栅栏，笼外之人竖蜻蜓、做怪腔，甚至吐口水，都可随心所欲，信手而为，实在潇洒至极。然而，一旦那铁栅栏松了一个焊接点，掉了一颗小螺丝……笼外潇洒之人顷刻间便会如丧家之犬，狼奔豕突中再也无暇顾及潇洒与否了。

这是笔者十多年前撰写的一篇足球专栏随笔中的一段文字。那篇小文章意在批评这样一些足球运动员，他们缺乏直面困难的勇气和能力，往往把失败归咎于种种客观因素，却很少检讨自身的问题和不足。他们在绿茵场上怕这怕那，总也潇洒不起来。潇洒不起来的汉子们，总能找到阻碍潇洒的理由——天太热，或者天太冷。天不太热，也不太冷，便是场地太不平。实在找不到“天”和“地”的不是，还可抱怨“人”——自己人不配合，对手太粗野之类。种种抱怨背后，都包含着这样的潜台词：如果没有这些阻碍和困难的话，极潇洒地踢他几记惊世骇俗的“世界波”是不成问题的。

看着绿茵场上汉子们的表演，笔者不免想到“隔笼戏虎”这四个字。

本文借用这段文字，是想由此引申开来，描述和揭示一种不必、不愿、不能、不敢直面冲突和困难的情势和状况。很显然，这里的“笼子”“虎”和“戏”等都具有一种隐喻意义。

（二）“隔笼戏虎”的隐喻意义

“笼子”。在现代生活语境下，这里的笼子首先指代许多具体的保护。从物质层面讲，笼子包括各种设施和工具，它们使人免于直接面对种种外在的力量和威胁。比如鳞次栉比的屋宇建筑、功能越来越齐全的工具系统，都使人日益远离风吹雨打。随着时间的推移和技术的进步，人类自身得到的保护越来越充分，也越来越有力。从制度层面上讲，笼子包括各种政策制度，对人们可能面临的种种困难、问题和威胁进行预先的防范，以保障人们自身的安全。互联网既具有物质层面笼子的意义，也具有制度层面（互联网上的种种协议实际上发挥了制度和规范的作用）笼子的意义。对于今天的青少年来说，互联网已经成为一种几乎须臾离不得、少不了的“第二生存空间”，一个让他们悠游其中的“笼子”。少了互联网这只“笼子”，许多青少年会头大不已，会感觉生活缺了丰富多彩、缺了自由自在，甚至连生存都遇到了大问题。

值得注意的是，笼子的作用具有两重性：它意味着一种保护，使人免于直接面对外界纷扰和可能的攻击；它往往又意味着对人自身的一种禁锢、对人们活动边界的限制，一定程度上隔绝了人们和现实世界之间短兵相接的直接联系，制约着人们向外扩张和拓展的能力。尤其当人们上网成瘾之时，鲜活的现实世界便成为栅栏那边只能远观，却不能置身其中、没有烟火气息的景观，如同小四川透过玻璃可以看到大上海的万家灯火，却无法融入其中一样[①]。互联网似乎也是一层透明的玻璃，青少年仿佛置身于鲜活的现实世

① 李春平：“玻璃是透明的”，载《上海文学》1997年第8期。

界之中，却难以直接感受其间的脉动、温度和气息。

“虎”。虎指代外在于个体的巨大存在。家庭和学校以外的社会是涉世未深的青少年必然要进入，却又很陌生的地方。这个地方是一个外在于他们，也溢出其有限经验范围的巨大存在。他们不知这个巨大存在的边际和深浅。通过成人社会的描述和告诫，青少年朦胧认识到，这个外在的巨大存在中似乎蕴藏着无数精彩和珍宝，也似乎就像成人社会所说的那样暗流涌动、危机四伏。总之，这个外在的巨大存在如同珍稀老虎般既凶险，又稀罕，充满了吸引力。

“戏”。戏不仅仅是戏弄、游戏，也是学习、交流、参与等，主要指青少年自由自在地网上冲浪。“戏”的核心是一种随心所欲、心无挂碍的自由、松弛的心态。

综合起来看，作为一种隐喻，“隔笼戏虎”描述了在享受着种种现代文明成果，被这些文明成果（特别是物质文明成果）包裹得严严实实的现实状况下，当代人无须与很多困难和挑战短兵相接的实际状况；也揭示了在此状况下，当代人自身许多世代遗传、传承的最为基本的本领和能力有所退化乃至丧失的状况。从本文议题角度讲，“隔笼戏虎”着力揭示的是青少年互联网生存的一种显著特点：现代社会文明成果为他们自由自在、随心所欲地上网冲浪提供了强有力的保障，使他们无须关注种种现实关系的维持和修缮，无须在意现实利益的增益和消减；同时，也消减了他们直接面对各种困难和考验的机会，对他们培养各种生存发展能力形成了较大的影响和阻碍。这些能力主要包括：直面人际关系的现实情境的能力；直面种种现实难题和困境的逼迫与拷问的能力；在短兵相接中，实现顺畅的人际交流，破解种种现实的难题和困境的能力。而这些能力都是生而为人者必须具备的，也是青少年人生发展所必需的。

二、“隔笼戏虎”与青少年网络生存

互联网之所以会成为笼子，与其所具有的一些鲜明特性直接相关。学者们对此进行了罗列和归纳：一是自主性，在互联网上，人们可以自主选择需要的信息，自由地发表自己的观点；二是开放性，任何人只要遵守相应协议，就随时可以从网上获取自己所需的信息；三是平等性，网上的等级、性别、职业等差别都尽可能小地隐去，不管是谁，大家都以符号的形式出现，地位的平等带来了最大限度的交流自由；四是虚拟性，网络的虚拟性表现在网民身份"隐形"、网络空间"虚拟"、网络实际运行"无序"；五是交互性，互联网上的多个思维主体可以通过计算机网络实现情感交流和信息交换。[1]

笔者认为，罗列和归纳事物的特性只是初步的工作，更加重要的则是继续梳理诸多特性之间的内在逻辑关系，更深入地挖掘和把握诸多特性背后的深层原因。一般来说，可以罗列出的特性往往都是外显、表层、容易把握的，而诸多特性之间的逻辑关系则是内在、深层、不易把握的。事实上，诸多特性之所以能够融于某一事物之中，往往是因为有某种更加深层的原因在共同对它们发挥着黏合的作用，或者是诸多特性中的某一种特性对其他特性起着关键的整合、吸附作用。因此，仅仅满足于罗列和归纳诸多特性，对事物的认识和把握就难免流于浮表，着力梳理诸多特性之间的内在逻辑关系，则有助于人们更加深刻地认识和把握事物内在的联系和本质。事实正是如此：在互联网的诸多特性中，虚拟性与其他诸种特性显然不在一个层面上，而具有更加深层、重要的基础性意义。自主、平等、开放和交互等特性其实都是在虚拟性的基础上发展起来的。没有虚拟性这一基础，其他诸种特性可能无从谈起。

虚拟性的基础和前提是匿名。匿名意味着人们可以使用不同于现实世界中的真名实姓和真实身份出没于网络世界。匿名使人与人之间处于相互"无背景"的状态。"在网上没有人知道你是一条狗。"你是谁？你从哪里来？所有这些问题都无须明确，也难以明确。于是，匿名使青少年得以使用各种虚拟的身份和名称，暂时摆脱种种现实关系和利益的束缚与局限，而无须顾忌种种现实关系的维持和修缮、现实利益的增益和消减，让他们安心地上网冲浪，随心所欲地叙述、抒情、议论和臧否。这就使网络的自主性、开放性、平等性有了可能。互联网由此便体现出了一种笼子式的保护效果，为青少年“戏”于其中创造了良好的条件。

（一）互联网成为青少年学习和了解各种知识的“百宝箱”

开放性使互联网成为无垠的知识海洋，也为青少年搭建了远较前辈大得多的知识学习平台，有效地开阔了他们的视野。青少年随时可以轻松便捷地到互联网这只“百宝箱”中接触和了解人类几乎所有的文化遗产。这就使青少年无形中拥有了一种知识掌握者的优势。现如今，青少年们常常边听老师授课，边通过搜索引擎迅速找到相关知识点，并验证老师讲授之正确与否。这就打破了老师曾经有过的知识拥有者和全知全能者的角色与地位，也对师生关系的维持和发展产生了一种微妙的影响。一定意义上讲，这对提升青少年学习的效率，增强学习知识的信心具有很大的积极意义。

（二）互联网成为青少年呼风唤雨的“七星坛”

互联网上的空间地域无边无际，足以使人随意变换身份，瞬息之间随心所欲地“上天入地”。互联网由此成为诸葛亮挥扇作法的“七星坛”。青少年在声光电交相辉映的极其逼真的各种游戏情境中，尽情扮演真实生活中常常不可能扮演的、不同于社会角色的种种虚拟角色，以现实生活中难以具有的种种超能力，呼风唤雨，指点江山，这极大地满足了他们“对优越感的追求”（阿德勒）。

（三）互联网成为青少年呼朋引伴的“假面舞会”

作为史无前例的独生子女群体，当代青少年在人际交流方面面临着的问题和特点几乎也是史无前例的。互联网则以其开放性和平等性成为最大的人际交流平台。通过这一跨越空间限制的平台，青少年人际交流的触角几乎可以延伸至网络所覆盖的任何一个角落。处在这种人与人相互间“无背景”的虚拟人际交流状态之中，青少年们可以心无挂碍、随心所欲地交谈、讨论，相互点赞或相互攻击。网上人际交流实际上成为一场名副其实的“假面舞会”。

（四）互联网成为青少年社会参与的“绿色通道”

青少年一直处于政治、经济、文化和社会活动（体制化、主流化）参与的途径十分狭窄的境遇之中。通过互联网，青少年充分发挥自己更加熟悉现代信息技术的优势，主动、自主开拓出了一条社会参与的“绿色通道”。有了这条“绿色通道”，青少年可以比前辈更广泛地进行政治参与（发表政治见解、社会管理的主张）、文化参与（阅读、观看等）、经济参与（“宅经济”、电子商务、网购）和社会活动参与（志愿服务、公益活动等）。以上海2010年世博会志愿者管理为例。世博会志愿者队伍庞大，有关方面利用互联网管理信息系统来管理志愿者队伍。系统包含5大平台和19个功能模块。（1）应用平台：招募、培训、终端。（2）管理平台：信息编辑、岗位调配、排班管理、物资配送。（3）沟通平台：网站、论坛、博客、自动问答。（4）决策平台：视频监控、舆情监测、信息上报、地图定位。（5）动员平台：短信群发、邮件群发、呼叫中心、无线通信等。没有互联网及其管理信息系统，庞大的世博志愿者队伍是难以各司其职、井井有条、有条不紊的。

作为新生的社会成员，青少年在其成长过程中需要得到一些“笼子”的保护，以使其避免在幼稚、娇嫩、脆弱的特殊人生阶段，一出家门便惨遭灭顶之灾。互联网这一“第二生存空间”——“笼子”，恰恰给他们提供了必要的保护。在这只“笼子”的保护下，现实世界中的权威、规范、限制常常被瞬间打破，被去魅，使涉世未深的青少年看到了更加辽远的世界，看到了世界更加丰富的色彩和样貌。这就为其自身完成社会化进程创造了十分特殊的条件和背景。然而，值得追问的是，互联网的虚拟性，以及建筑在这种虚拟性基础上的种种网上冲浪的潇洒本身是否也是虚拟的？这种虚拟的潇洒，对于他们更好地融入现实世界，健康快乐地生存和发展，是否也带来了一些值得正视的问题呢？

毕竟，青少年终归是要融入现实世界、现实生活的！

三、“隔笼戏虎”的可能之弊

虚拟的“第二生存空间”是青少年与“第一生存空间”——现实世界——

之间的一个缓冲地带。缓冲既意味着与现实世界之间保持着一定的距离和间接的联系，其实也难免意味着一种“隔笼戏虎”式的隔膜，意味着一种局限，甚至意味着一种禁锢。其间必然存在着种种的可能之弊，即或然之弊。不过，虽曰或然，却也要求人们不得不高度重视。种种或然之弊，主要表现在以下几个方面。

(一)“隔笼戏虎”与浮皮潦草

青少年往往更多限于通过搜索引擎接触老师所讲述的知识点，满足于浅阅读和快浏览，而一般不会主动关注、追寻这些知识点的来龙去脉、把握这些知识点之间内在的逻辑关系。这就使他们所学到的知识难免零碎、浮皮潦草，难成系统。有了互联网这个“百宝箱”，背诵和记忆常常被视为多余。这一方面迎合了一些青少年不愿意背、记的惰性，也对青少年知识的学习产生了潜在而又深远的影响。学习理论告诉我们，各种知识点只有被内化①，才能真正为人们所掌握，才能做到举一反三、触类旁通。记忆是学习、理解各种知识和技能十分重要的方式和途径。通过记忆，新的知识信息进入人的经验系统之中，与此前“库存”的知识和经验相互拌和、互相渗透，逐步生成新的神经连接，从而产生新的知识和能力。“熟读唐诗三百首，不会作诗也会吟”指的就是这一点。青少年满足于从这个“百宝箱”中搜索各种知识点，满足于浅阅读和快浏览，而不下功夫背诵和记忆，难免使其对各种知识点流于浅认知、浅识记，而难以使各种知识点在经验系统中刻下深深的痕迹，更难以与已有的知识和经验之间形成新的连接和渗透。阵雨过后地皮湿、浅尝辄止等，皆是这种知识学习状况和效果的写照。事实证明，有了互联网这个“百宝箱”，未必意味着青少年就成了有知识、有学问的人。

在《浅薄》一书中，尼古拉斯·卡尔说，技术正在塑造、改变着我们。当我们对碎片化习以为常的时候，我们已经丧失了反思的能力、反省的能力。[2]除此之外，他还对碎片化阅读说了一句非常有名的话：当我们在网络

① 内化(internalization)是人们将接收到的信息，通过现有知、情、意系统的消化、吸收，成为该系统中一个有机组成部分的过程。

中搜索的时候，我们没办法看到森林，我们甚至连树都看不到，我们看到的是什么？树枝或者树叶。所以我们该怎样去抵抗这种碎片化阅读给我们带来的浅薄呢？我们是不是应该回到完整的“大书”中去呢？[3]

值得一提的是，每年都有许多大学毕业论文存在着严重的抄袭问题。一些大学生选题时首先考虑的不是自己对问题的把握和认知程度，而是从网上能否找到更多的资料。如此，他们往往热衷于通过各种引擎搜索各种材料，再做些简单的改头换面，就拼凑、捣鼓出了一篇“毕业论文”。可是，他们在对问题的发现和思考，对论据的搜集和梳理，对论据和观点之间的内在逻辑关系的辨析和把握等方面，却缺乏应有的感受和理解。在很多论文答辩场合，一些学生面对答辩老师对其论文相关问题的提问，常常张口结舌，难以给出完整、准确的回应。没有思考和钻研的学习，绝不可能是有效和高效的学习，只能得到浮皮潦草的学习成效。

（二）“隔笼戏虎”与回避矛盾

青少年在成长过程中必然会遇到多种人际矛盾和冲突。直面并化解人际矛盾和冲突，学会与人交流和相处，都是青少年社会化过程中的必修课，从一定程度上讲，学会化解人际矛盾和冲突，甚至是青少年社会化过程中最为重要的内容之一。而学会化解矛盾和冲突，固然需要模拟情境中的操练，却更离不开真实环境中的亲身经历。“隔笼戏虎”意味着人与人之间、人与现实世界之间保持着一定的距离和间接的联系。这就避免了零距离、直接交流可能带来的不和谐、摩擦、矛盾、冲突，及其可能带来的伤害。以青少年为主体的宅男宅女之所以能够宅在家中，很大程度上就与互联网这一“第二生存空间”提供的充分条件有着直接的关系——玩不完的游戏、聊不完的网友、看不够的信息、吃不尽的美食。借助互联网，他们不仅可以满足生存最基本的需求，还能足不出户，也不会在时尚上落伍、和新潮脱节。很显然，当青少年耗费更多时间进行网上人际交流时，他们必然会少了很多在现实世界中学习人际交流、化解矛盾冲突的机会。

可是，互联网与现实世界的联系毕竟是间接的，是隔着屏幕、隔着笼子的，缺少热乎乎的温度和活泼的气息。网上人际交流陷于文字和图像，是有时间斟酌字句、删掉重来的，现实中的人际交流则是即时应对、覆水难收的；网上人际交流若一语不合，便可单方面离线缄默，现实中人际矛盾冲突之时却难以一走了之；网上人际交流常常是戴着面具的，下了网往往是“见光死”的，现实中的人际交流则更多是“素颜”以对的。总之，网上人际交流给人们留下了巨大的回旋余地和回避空间，现实世界中的人际交流却是短兵相接的，这就必然造成网上人际交流与现实世界中的人际交流之间的巨大差异。互联网“通信的效率虽然大幅提高，‘沟通’的效率却并不一定随之提高，愈加扩大的关系网，反而使亲密关系的稳定性降低，维护难度增加”[4]。上海青年研究中心《2014年中国都市青少年发展报告》（教育部“哲学社会科学发展报告”课题）指出，使用手机上网减少了与亲友等的相处时间；手机上网影响了各类青少年的人际交往。而这显然不利于青少年自身的社会化。

（三）“隔笼戏虎”与“上”“下”悖逆

“由于对人机关系的控制比对现实人际关系的控制强得多，再加上还能从中获得心理需求和基本生活需求的满足，青少年愈加容易对这种人类化的人机关系形成依赖，而愈加在现实生活中趋向于封闭。”[5]人机关系更加容易控制，由此使青少年得以“隔笼戏虎”，在线上和线下的表现迥异，甚至常常判若两人：线上妙语如珠，语不惊人死不休，线下却笨嘴拙舌、寡言少语；线上呼朋引伴，线下却怯于交往、朋友寥寥；线上满屏八荣理念，线下却时有八耻言行；线上是激情满怀的爱国者，线下却可能是大帮倒忙的“爱国贼”；线上是国货的铁杆粉丝，线下却是“洋货”的坚定拥趸；线上“那么孝顺”，线下“妈妈”却不“知道”他的“孝顺”……

许多青少年线上线下的悖逆现象值得关注。这种悖逆现象长此以往地存在，会不会对人格的分裂、双重人格的形成有所“贡献”呢？

（四）“隔笼戏虎”与思想缺钙

现实生活中，青少年的语言暴力现象并不突出。这与他们往往顾忌于种种现实的利益和限制直接相关。而网络生存“隔笼戏虎”的特点，使得“第二生存空间”中的语言暴力问题十分突出。语言暴力主要表现在以下几个方面。

1. 多武断结论，少必要论证。帕累托说，我们只提醒断言者要担起证明的重负。[6]然而，对许多社会现象，一些青少年网友喜欢发表自己的意见，往往只下判断、只做结论（只说“然”），却并不说明理由和原因，也不予以证明（不会说明其“所以然”）。比如对庄羽状告“郭敬明抄袭”事件，许多郭敬明的“粉丝”在网络上痛骂庄羽：“我们小四那么有才华怎么会去抄袭?”“庄羽就是个借名人炒作自己的××”“就算他是抄你的，我们也看他的不看你的，因为他是‘80后’，你不是!”……铺天盖地的谩骂中，无人对“庄羽就是个借名人炒作自己的××”这一判断说出个“所以然”来。

2. 多事例列举，少事理把握。即使要说明事理，他们也往往只限于列举一两个个例作为论据进行论证，全然不顾仅凭这一两个个例是否会以偏概全，逻辑上是否谨严。

3. 多情绪宣泄，少理性思考。对网上热议的话题，他们往往在情绪的支配下发表意见，而缺乏理性的必要指引和规范，“抒情”重于说理、叫嚣重于论证。曹林指出：“那些跟帖，充斥着被匿名评论放大的情绪化语言，完全没有自己的逻辑，纯粹是为骂而骂……只是平常在网络上骂习惯了，谩骂就是他们在网络上的存在方式……不是在讲理，毫无逻辑、不问事实、没有是非，只是通过纯粹的谩骂来发泄一堆莫名的情绪，根本就没有跟人对话讲道理的准备。”[7]

4. 多群狼围攻，少基本道德。在网上的各种纷争中，许多青少年往往不管三七二十一，倚仗人数优势，以群狼战术，党同伐异，对不同意见者一律进行谩骂和围攻。多年前著名的“韩白之争”中，韩寒的粉丝们对白烨进行谩骂和人身攻击，便是一例。朱大可说：“他们在论坛上匿名而行，企图用唾沫淹死一切不符合其价值标准的事物。他们使用酷语（暴力话语）和秽语（脏词），羞辱丑角的人格，击打她们的面部，进而消灭她们的表演意志，迫使她们退出话语舞台。”[8]

5. 多炫目辞藻，少思想钙质。一些青少年在网上奉行“说话意味着存在，沉默就等于死亡”的理念，往往只为体现自己的存在感而表达，而不是确实有新思想、新感受而不得不一吐为快，因此，他们往往以更直白、更鲜明、更有冲击力的话语和方式表达（宣泄）自己的情绪。在铺天盖地的帖子、炫目骇人的辞藻背后，却隐藏着新鲜思想和感受严重匮乏的事实。

美国著名科幻小说家艾萨克·阿西莫夫（I. Asimov）说：“暴力，是无能者的最后手段。”肢体暴力如此，语言暴力亦然。语言是思想的载体。青少年在网络上的语言暴力，是否曲折地暴露了其思想的简单和粗暴、其思想水平方面的“无能”？一般来说，青少年在现实生活中常常缺乏话语权。值得追问的是，话语权的缺乏是否与其思维能力、话语能力的缺乏直接相关？如果说之前一代代青少年由于这些能力和话语权的缺乏，只能偏安于社会一隅和“边际”的话，那么，互联网时代的青少年则因为匿名而得以“隔笼戏虎”，通过语言暴力咄咄逼人地抢得了话语权，成为当今社会中焦点性的群体。然而，这种“几多几少”的语言暴力，真的能够帮助青少年在当今社会中争得话语权吗？能够帮助青少年成为有理性、讲道理的群体吗？这是值得社会和青少年自身深思的。

（五）“隔笼戏虎”与虚浮脆弱

不少青少年沉湎于“第二生存空间”，十指飞快，却四体不勤，虚浮脆弱。许多青少年不堪军训风吹日晒，昏倒在地。这方面的事例屡见不鲜。自 20 世纪 90 年代中日少年在内蒙古草原上的较量敲响警钟以来，青少年体质、意志的虚浮脆弱早已成为社会关注和担忧的一个大问题。《我国青少年体质健康发展报告》披露，我国学生体质健康问题仍然突出。问题主要表现在超重和肥胖现象严重，近视发生率继续增加，速度、力量素质增长趋于停滞，耐力素质和柔韧素质于低谷徘徊，血压调节机能不良比较普遍等。报告指出，尽管 2007 年 5 月 7 日中共中央国务院下发了《关于加强青少年体育增强青少年体质的意见》，在全国范围内实施了以“阳光体育”为核心的一系列增强学生体质健康的措施，但是，我国青少年体质健康状况依然严峻，体质健康问题仍然突出。报告认为，造成这些问题的原因中，“网络时代，以久坐不动为特征的静态休闲方式，阻碍了青少年获得持久的、足够的运动乐趣并以此为基础的经常性体育锻炼行为习惯的养成”①。网络生存方式自然不能对我国青少年体质健康状况依然严峻的局面负全责，却也难辞其咎。纵然青少年在网络“七星坛”上呼风唤雨，在网络“假面舞会”中呼朋引伴，却难掩他们在体质、意志等方面的虚浮脆弱。

四、结语

按照传统社会学的阐释，青年往往被视为社会的“边际人”。谢维和指出，“边际人在社会学上指的是一种处于各种文化边缘，而未能真正进入或被某种文化同化的人，有时它又指一种正准备进入但尚处在一种可能性之中的人”[9]。有学者指出，自 20 世纪 80 年代以来，社会改革开放及其所引起的一系列变化，尤其是网络时代“已导致以往青年人‘边缘性’条件的丧失”，“进入社会的大门已向青年敞开”。[10]“青年人‘边缘性’条件”之所以“丧失”，关键在于互联网为其“隔笼戏虎”提供了关键的保护和保障，使之可以在无须更多关注种种现实关系的维持和修缮、无须更多在意现实利益的增益和消减的前提下，心无挂碍地参与社会生活、发出自己不同于前辈的声音。这就使他们在当今社会中拥有了越来越大的话语权，甚至拥有了所谓“文化反哺”②者的地位。从这个意义上讲，“隔笼戏虎”成就了当今青年。

然而，青少年终将在现实世界——“第一生存空间”——中生存和发展。当今社会中，科学技术大踏步发展，物质条件日益优越，人们一般不再需要削竹为矛，编藤为盾，置身风口浪尖厮杀拼搏，可是，直面各种困难，在短兵

① 参见中国教育科学研究院 2012 年 3 月 29 日发布的《我国青少年体质健康发展报告》。

② 当今青少年的“文化反哺”其实是十分有限的，人们不宜放大其影响力。事实上，当今青年更需要得到文化，尤其是传统文化的哺育。参见刘宏森：“反哺与哺育——对青年‘文化反哺’的质疑”，载《探索与争鸣》2013 年第 7 期。

相接中化解种种矛盾，却始终是人必须具有的一种能力和禀赋。长期“隔笼戏虎”，沉湎于互联网等形形色色的“笼子”之内，将给青少年生存和发展带来怎样的影响？“把着家门框狠”，难以造就健康文明的公民。从这个意义上讲，“隔笼戏虎”乃是当今青年必须超越的一种生存状态。

值得注意的是，在互联网这一“第二生存空间”发展的过程中，青少年既是享受者，也是建设者。“第二生存空间”的种种新鲜事物和精彩风景，事实上主要由他们来创造。青少年在“第二生存空间”中的种种创造，对“第一生存空间”——现实世界中的种种规范形成了有力的冲击，对其在现实社会中所处的弱势地位和边缘境遇进行了有力的反抗。伴随着他们成长的步伐，这些创造，必将被他们“移植”到“第一生存空间”，从而更加广泛深入地影响和塑造未来社会。从这个意义上讲，当今青年“隔笼戏虎”的互联网生存方式不仅事关当下，也将对社会的未来发展产生深远的影响，值得全社会关注和重视。

不可否认的是，“隔笼戏虎”在我们的社会生活中已经成为一种令人担忧的事实。笔者在《隔笼戏虎》中写道：有笼子保护的日子太久了。钢筋水泥、机械电器、信息高速公路……现代科技如钢铁栅栏围成密不透风的笼子，使我们日益远离了天灾人祸。不再需要如先民般筚路蓝缕，脚底心在粗粝岩石上踩出铜钱厚的老茧；不再需要光着脊梁苦熬炎阳炙烤暴雨捧打，背朝青天面向黄土土里刨食；不再需要削竹为矛编藤为盾，于深山密林风口浪尖流血流汗厮杀搏斗……我们越来越熟练地操弄着手中的遥控器，足不出户兵不血刃便可心想事成。在那钢铁栅栏的保护下，我们一天天斯文，一天天温柔，一天天习惯于借助各种各样的设备和装置，满足我们一天天膨胀却永远也无法满足的欲望和梦想。

在笼子的保护下，事实上，我们越来越不能直接面对头上的一方天、脚下的一片地、身边的一群人，越来越不能习惯于短兵相接的竞技和争夺。

越来越不能习惯于短兵相接的竞技和争夺，在体育中表现得特别明显。曾有人提出，我们许多短兵相接的运动项目（如足球、篮球等）往往乏善可陈，而许多“隔网”的运动项目却常常能在世界上一骑绝尘，如乒乓球、羽毛球、排球等。这种说法虽然不无偏颇和片面，却也道出了一些事实。之所以如此，固然跟技战术有关，但更与部分国人惯于“隔笼戏虎”有关。运动员是国人的一分子。他们身上的问题，其实是国人身上问题的集中反映。

近年来，越来越多的青年驴友上路了。他们呼朋引伴地进行野外生存，这也许可以被视为走出“笼子”的一种尝试、一种象征性行动。2014 年 1 月，团中央、教育部、国家体育总局、全国学联联合下发“通知”，要求大学生“走下网络、走出宿舍、走向操场”。这说明，对摆脱“隔笼戏虎”的生存状态，青少年和社会已经有了共识。现在的问题是，走出“笼子”不应该是象征性的。同样，“走下”“走出”“走向”，也不能仅仅着眼于青少年的体质健康问题，更要着眼于帮助青少年摆脱“隔笼戏虎”的生存状态。从这个意义上讲，社会不仅要关注和重视青少年“隔笼戏虎”的生存方式，更要拿出具体的办法来，吸引更多青少年走出“笼子”。如果线下的生活始终不如线上生活丰富精彩，青少年的目光是难以从大大小小的屏幕上挪开，转投枯燥、刻板的现实生活的。

（刊载于《当代青年研究》2015 年第 5 期）

参考文献：

[1] 陆士桢. 网络为何能左右青少年的成长？[N]. 中国教育报，2009-09-19(5).
[2] [美] 尼古拉斯·卡尔. 浅薄——互联网如何毒化了我们的大脑[M]. 刘纯毅，译. 北京：中信出版社，2010.
[3] 李婷. 狙击碎片化阅读——长文登场？[N/OL]. 新华日报，2015-02-10. http://xh.xhby.net/mp2/html/2015-02/10/content_1202450.html.
[4][5] 黄楚新，张安. 网络新媒体：青少年发展面对的双刃剑[J]. 中国青年政治学院学报，2015(1).
[6] 谢立中. 西方社会学经典读本[M]. 北京：北京大学出版社，2008.
[7] 曹林. 你无法说服只想发泄情绪的“喷子”[N/OL]. 新华网思客，2015-01-16. http://sike.news.cn/statics/sike/posts/2015/01/21883533.html.

[8] 朱大可. 中国“哄客”的仇恨快意，骂声中成长粉碎人性之爱[EB/OL]. 中国新闻周刊，2005-07-15. http://www.chinanews.com/news/2005/2005-07-15/26/599606.html.
[9] 谢维和，等. 当代青年社会学[M]. 北京：中国青年出版社，1994.
[10] 刘宏森. 激情与回应——青少年社会参与研究[M]. 上海：上海交通大学出版社，2011.

社会青年化的趋势和现实

一、社会青年化的基本含义

自从玛格丽特·米德提出著名的“三喻文化”理论以来，青年对社会的作用和影响受到了人们的高度重视。20 世纪 70 年代末期，保加利亚社会学家彼得·米泰夫、K·高斯·波迪诺夫提出了“社会青年化”这一概念。米泰夫 1976 年指出：“如果用研究青年科学的特殊语言，可以说青年一代进入自立社会生活的过程具有两个侧面：青年的社会化和社会的青年化。”“青年化是一个描述青年在社会关系中引进变革的概念，这些变革又是同青年对于现存的社会政治体系和社会价值的新关系联系在一起的。”

“化”，表示事物具有转变成某种性质或状态的可能。“社会青年化”的含义主要包括以下几个方面：第一，在社会整体中，青年因其更加熟悉、了解新事物，在许多新兴领域中发挥着重要的甚至主体性的作用，从而成为现实的重要代言人和主要话语权的掌控者；第二，其他年龄段的人群受到青年的影响，其言行、思想和理念等多方面体现了青年人特有的一些状态、特点和特质；第三，在青年人的影响下，整个社会更有生气，更有活力和创造力。社会青年化既是对社会发展现实的一种描述和归纳，也是对社会发展趋势的一种展望。

20世纪90年代以来，随着中国社会的发展和青年社会影响力的上升，国内一些学者对社会青年化问题投以了关注。吴鲁平(1990)认为：社会青年化——青年对社会具有极其重要的社会功能。正是由于青年对社会的这种作用，社会—文化得以充满生机与活力，从而，社会—文化也得以不断更新和发展。[1]宋德昭(1998)通过对当时社会的考察指出，“数量的优势及对社会群体结构的影响，地位的提高与功能的扩大及对社会作用的增强，以及青年文化对社会文化的全面濡化，都从不同侧面显示出青年群体在当代社会中的作用，也使得我们的社会焕发勃勃生机，浸透着青年化色彩”[2]。郑长忠(2010)通过对不同社会形态变迁过程中社会权力在不同人群中转移情况的分析，提出“网络社会也被称为青年化社会”[3]。

学者们关注“社会青年化”问题，主要是因为随着科学技术和社会的发展，现实生活中，青年已经成为推动经济、政治、社会、文化、生态文明发展的重要的力量，在很多方面甚至已经成为主体性力量，已经站在了社会发展的前沿地带，深刻地影响着其他年龄群体的思想和行为，推动着乃至引领着社会的发展。同时，学者们更加关注青年的社会地位，而“社会青年化”这个概念似乎也包含了对青年社会地位上升状况的一种描述和确认——青年在社会生活中拥有了更多的话语权，拥有了一种“优势地位”，成为社会中的“优势群体”。2013年6月18日，时任联合国秘书长的潘基文访问中国时说得很直白：“人们常说年轻人是未来的领袖，但其实你们已经成为当代的领袖了，你们的想法、行动和决策都会改变世界；你们是有史以来人数最为众多的一代年轻人；即便现在仍是我们的时代，你们也已经成为其中的弄潮儿。”此一说辞也暗合了人们对“社会青年化”——青年成为社会中的“优势群体”的一些愿望和感受。

问题的关键在于，种种关于“社会青年化”的感受和描述是否准确？“社会青年化”是真实的吗？

宋德昭的研究值得我们特别关注。他结合大量数据和事实指出,(当时)社会的青年化至少可以从以下几方面得到体现:1. 青年成为社会群体结构中的最大部分;2. 社会的青年化不仅体现在青年在社会群体结构中所占的比例上,更体现在青年群体的"社会功能"优势上,即青年在社会结构中的地位,也体现在其在当代现实生活中的作用上;3. 社会的年轻化趋势还从更深的精神文化层面展现,以前为青年人所独有的思想观念、生活方式和心理特征等越来越多地得到社会的认可和接受,有一些甚至成为社会的共同时尚。由此,他认为"社会青年化这一状况或者说趋势,至少在当代中国社会中已渐呈雏形"。

宋德昭关于"社会青年化"的论述论据较为扎实,论证也更加充分。不仅如此,他的论述也为我们超越感觉层面,更加理性地把握"社会青年化"这一命题提供了较为明确的路径和基本模型:第一,考察青年在社会群体结构中的比重;第二,考察青年群体的"社会功能";第三,考察青年对社会精神文化的影响力。

二、社会青年化的现实

然而,循着宋德昭提供的路径和基本模型考察当今中国社会和中国青年的现状,我们却可以发现,这种"社会青年化"的趋势还远未充分展开,"社会青年化"的现实不容乐观。主要表现在以下几个方面。

(一)青年在社会群体结构中的比重在下降

"社会青年化"的重要依据之一是青年在社会群体结构中占据较大的比重。然而,2011 年,国家统计局公布的第六次全国人口普查的相关数据却显示:随着时间的推移,随着计划生育政策的落实和推进,青年在社会群体结构中的比重逐年下降。将六次人口普查的数据放在一起比较还可以看出:1953 年第一次人口普查时,15—34 岁的青年人口在总人口中的占比为 31.44%;1964 年第二次人口普查时其在总人口中的占比为 30.25%;1982 年第三次人口普查时其占比为 36.38%;1990 年第四次人口普查时为 38.41%——达到最大值;但在 2000 年第五次人口普查时,15—34 岁的青年人口的占比就缩小为 33.25%——有了较明显的下降;2010 年第六次人口普查时其占比为 31.92%——占比继续下降。[4]

值得注意的是,青年在总人口中占比下降不是暂时现象,而是一种趋势。第六次人口普查数据显示,如果按照年龄推移,未来的青年人口相比现在的青年人口的数量会继续缩减:普查时 20—24 岁的人口为 1.274 亿,0—4 岁的人口比其少了 5 000 多万。也就是说,现在的 0—4 岁的人口进入青年时期时,这个 5 岁组的人口会比现在相应年龄段的人口大幅度缩减——将会造成人口金字塔。与此同时,中国人口老龄化的趋势却日趋显著,进程逐步加快。第六次人口普查发现,中国 60 岁及以上人口占 13.26%,比 2000 年上升 2.93 个百分点,其中 65 岁及以上人口占 8.87%,比 2000 年人口普查时上升 1.91 个百分点。[5]

青年及其生理和心理特质是形成“社会青年化”趋势的基本载体和必要基础。社会总人口中的青年比重快速下降,这直接削弱了“社会青年化”的基本载体和重要基础,直接制约了“社会青年化”趋势的展开和呈现。

(二)青年群体的社会功能难以充分发挥

郑也夫先生指出:“年轻人奉行功利主义,不争着出头露脸了。”“当代青年与‘五四’一代的差别是一目了然的,他们已经不再像前辈那样热衷于‘关心国家大事’。”[6]这样的判断即使不完全准确,却也揭示了一部分事实。青年之所以“不再像前辈那样热衷于‘关心国家大事’”,除了郑也夫先生所指出的政府、社会、教育等方面的问题以外,还与青年面临的一些现实问题直接相关。

首先,理论上的定位制约着青年社会功能的充分发挥。长期以来,青年群体的社会方位往往被简单定位为“生力军”“未来的中坚力量”。事实上,在当今社会的许多领域,特别是 IT、高科技领域、高等教育、城市建设、农村建设等方面,青年已经成为主力军和中坚力量。对青年群体社会方位的简单定位,忽视了青年在当今社会生活的许多方面已经成为主力军和中坚力量的事实，这已经影响了社会政策，特别是关于青年政策的制定和实施。社会生活中许多方面存在着的论资排辈等现象，也往往都以对青年的这种简单定位为基础。这已经在一定程度上挫伤了青年的积极性、创造性，限制了青年社会功能的充分发挥，影响了“社会青年化”趋势的充分展开和呈现。

其次，就业是青年走向社会，发挥其社会功能的基本途径。近年来，青年就业难严重制约了青年社会功能的充分发挥。乡村青年(包括人数庞大的第二代农民工)大多自谋就业门路，其就业问题某种程度上被掩盖。而大学生就业难则凸显了青年就业问题的严峻性。2013 年，669 万大学毕业生就业难问题使社会面临着严峻的考验。据预测，大学生就业难将在未来延续数年。值得注意的是，前几年，一些地区却实行了“延迟退休”政策，这使得大学生就业问题雪上加霜。在此背景下，除了在 IT、高科技等中老年难有作为的特殊领域以外，青年人很难在站满了脚、坐满了屁股的其他各行各业中占据一席之地。在许多岗位上，依然是论资排辈旧习大行其道，依然是老人唱主角、撑市面，青年闪转腾挪的空间依然十分有限。

再次，阶层固化堵塞着青年上升的通道。在当今中国社会中，阶层固化已经成为一个不可忽视的现实。《人民日报》、中国新闻网等媒体纷纷载文指出：社会阶层固化趋势加剧，一代穷世代穷；中国社会阶层固化趋势加速，纵向流动通道逐渐狭窄……2013 年腾讯网夏季思享沙龙上，《蚁族》作者廉思、《中国在梁庄》作者梁鸿、青年学者周濂、企业家荣剑等围绕“阶层固化与代际梦想”主题展开研讨：现在青年人的上升通道受到了一些阻滞。“屌丝的逆袭”在今天是一个黄粱梦。

社会阶层的固化不仅阻滞着青年上升的通道，也直接削弱着青年通过自身努力取得后致地位的热情和动力。奋斗激情在淡化，创新冲动在弱化，青年何以能够在社会的各行各业中充分发挥自己的才智，发挥更大的社会功能?

最后，民生问题阻碍着青年社会功能的充分发挥。处在社会地位、社会权力的边缘地带，青年在就业，教育和社会保障，参与、融入公共政策制定等领域往往成为弱势群体，面临着就业难、收入低、房价高、工作压力大、子女入托就学难等多方面的难题。这些难题消耗了青年的精力，虚化了青年对未来的理想和憧憬，矮化了青年的自我评价和认识，弱化了青年奋斗的激情和热情。“屌丝”是 2012 年度最热的网络流行语之一。其迅速流行，生动地表达了青年对自己在种种生存和发展难题面前的自嘲、无奈等深层心理。

前不久，媒体热议关于“‘80 后’老了”这一议题。“‘80 后’老了”折射出在现实的强力挤压下，“80 后”精神世界中氤氲着的某些灰色基调。这一方面说明不少“80 后”在职场竞争、房市波动、择校拥挤等的揉搓下，更多感受到了现实生活无情以及无趣的一面。这使他们在更加年轻的“90 后”“00 后”面前感到自己不再年轻。另一方面也说明现实生活的压力和教训，使得不少青年越来越多地认同年长者的经验和告诫。青年已经在很大程度上对文化惯性妥协，被年长者所同化了。所以，他们感到自己老了（“早衰”）。当代青年中的中坚力量“80 后”都感到自己老了，“社会青年化”是不是要大打折扣？

（三）青年对社会精神文化的影响力有限

青年对社会精神文化的影响力主要是通过“文化反哺”等途径实现的。“文化反哺”，一般被理解为“在快速的文化变迁时代，年长一代向年轻一代进行文化吸收的过程”[7]。“文化反哺”被频繁运用于代际关系的辨析，青年的社会功能不断强化、社会地位不断上升的描述之中。“社会青年化”与“文化反哺”这两个概念之间有着十分密切的关系。“文化反哺”是“社会青年化”成为可能的一个重要支点和必要条件，也成为“社会青年化”的一个重要特质和标志。

在现实生活中，青年对年长者进行“文化反哺”的内容集中于新的生活领域、新的知识领域、新的价值观念等方面，主要表现于“文化的表层”[8]。青年因其更加良好的教育背景和伴随着改革开放进程成长的特殊人生背景，在对新事物的了解、把握和使用，对社会大众的价值判断和生活方式的选择等方面，的确比年长者具有更大的“话语权”，有着不可忽视的影响力。

但“文化的表层”所涉及的新领域、新事物、新现象，只是文化的一部分。文化的外延极广，除了青年熟悉和擅长的“文化的表层”以外，还包括其他重要方面，尤其是极其丰富、极其厚实的传统文化。在很多传统领域，青年往往缺乏话语权和充分的社会资源，难以对年长者进行“文化反哺”。青年的“文化反哺”功能是“社会青年化”的一个重要条件、特质和标志。“文化反哺”的有限性，决定了青年对社会精神文化影响力的有限性，也决定了“社会青年化”的有限性。

通过以上分析，我们可以看到，在当今社会中，青年人口在总人口中的比重下降，削弱了“社会青年化”趋势的基本载体和重要基础；青年面临着的生存和发展多方面的实际困难和问题，使青年整体上尚未脱离社会弱势群体的地位，其生存和发展的难度加大。这些都势必严重制约他们创造热情和动力的积蓄和释放；青年虽然具有更好的教育背景和时代文化背景，但由于青年在传统文化和社会资源等方面的先天不足，使他们“文化反哺”的能力和效益比较有限，从而导致“社会青年化”的有限。因此，综上所述，“社会青年化”虽然已经成为一种趋势，但在当今中国社会，这种趋势还远未充分展开，“社会青年化”的现实不容乐观。

三、促进“社会青年化”的思考

“年轻人有朝气，社会就有朝气；年轻人有光明的前途，社会的未来就形势一片大好”。[9]在当今中国社会人口红利消减、老龄化步伐加快、社会养老压力骤增、转型发展艰难等特殊背景下，破解种种社会问题，不仅需要青年发挥“生力军”作用，更需要青年发挥“主力军”作用。在团的十七大上，刘云山代表党中央要求青年“始终走在时代发展前列”“在实现中国梦的伟大实践中勇做奋进者、开拓者、奉献者”。这实际上对青年不断强化和优化其“社会功能”，进一步促进“社会青年化”提出了要求。而进一步促进“社会青年化”需要党政和社会在了解和把握青年、制定和实施相关政策等方面有更大作为。

（一）促进“社会青年化”，需要贴近青年，了解青年的现实和要求

有学者指出：“改革开放以来，一些从事青年问题理论研究的专家学者和从事青年工作的实际工作者，一直在自觉或不自觉、有意（识）或无意（识）地将我们社会中的青年建构成‘优势群体’的形象。”[10]这种观点的思维路径很简单：他们常常以青年有限的“文化反哺”为依据，声称我们进入了“文化反哺”的时代[11]；又由“文化反哺”“不言自明”地引申出青年在当今社会中具有了“优势地位”。毋庸讳言，此种夸大将会引起青年和社会对青年真实处境的误判，从而掩盖青年在其生存和发展中面临的一些困难和问题。这种情况，一方面体现了这些专家学者和实际工作者对青年发展有美好的愿望，另一方面则说明他们以美好愿望代替了对青年现实的准确而全面的调查研究。他们更多凭印象和感觉，而不是贴近和深入青年生活，潜心感受青年的喜怒哀乐；他们没有通过深入细致的调查、分析和研究，准确把握青年及其生活的实际状况。

要促进“社会青年化”，专家学者和实际工作者必须进一步深入青年，贴近青年，了解青年的现实状况和具体要求。在这方面，共青团作为党的青年工作部门无疑应该承担更多的责任。共青团应该充分发挥党政联系青年的桥梁作用，更加深入和贴近青年。依托一些专业研究机构，通过扎实的调查研究，及时准确地把握青年的现实状况和具体要求，并通过内参、会议等多种渠道下情上达，及时、真实、准确地向党政领导部门进行反映。这将有助于党政更好地调整政策，帮助青年解决相关问题。少谈成绩，多谈青年的现状和呼声，以有效缩短党政、社会与青年间的距离，这是共青团的职责，也是共青团在促进“社会青年化”方面应有的作为。

（二）促进“社会青年化”，需要正视青年的作用和要求

党政要正视青年在社会发展中的特殊作用。尤其是要充分认识到青年在转型发展中的特殊作用：之所以要转型，是因为原先的发展方式不能适应新形势、新要求。而原先的发展方式是年长者创造的。推进转型发展，就意味着年长者不仅要适应新的发展方式的要求，而且要创造出新的发展方式。

这就要求年长者必须转变思路和方法，首先要“换脑”。然而，无数事实证明，“换脑”绝非易事。“换脑”既难，便必须换人。现代青年具有更好的教育文化背景，他们身上蕴藏着强大的创造潜力。这正是推进转型发展所必需的关键性资源。青年是推进转型发展的主体和中坚力量。如果不能充分发挥青年的作用，就难以成功地实现转型发展。

同时，要正视青年的困难和要求，尤其是青年的民生问题，了解和理解青年的实际难处，而不是给青年贴上某种简单的标签。比如，近年来，对青年抱怨房价高、购房难的现象，有人给青年贴上了“贪图现成享受”的标签，提出要对青年加强艰苦奋斗的教育。但上海青年研究中心研究人员 2010 年的研究却发现，我国目前的房屋出租领域存在着房屋租赁地下交易多、税收流失多、租赁纠纷多、管理部门多、政府对市场监管难等问题。这些问题使大部分青年人租不到称心的房子。他们只能努力购买住得安稳、不用担心“哪天会被赶出去”的产权房。因此，青年抱怨房价高、购房难，并非因为他们贪图现成享受，而是因为很难租到称心的房子。党政和社会要透过青年抱怨的现象，把握背后潜藏着的一些深层次问题，正视青年的实际困难，进一步优化租房市场环境，降低房价，满足青年生存和发展的基本要求，帮助青年减少后顾之忧。

（三）促进“社会青年化”，需要完善政策，保障青年优先发展

联合国大会 50/81 号决议《到 2000 年及以后世界青年行动纲领》，充分肯定了青年对社会的巨大推动作用，指出了青年在教育、就业、贫穷与饥饿、健康、环境、吸毒、青少年犯罪、闲暇活动、女孩与年轻妇女、青年对社会生活与决策的全程与有效参与等 10 个方面仍是社会弱势群体这一基本事实，提出了通过完善相关政策，促进青年优先发展的一些建议。毫无疑问，促进青年优先发展是促进“社会青年化”的基本前提。

毋庸讳言，在完善相关政策、促进青年优先发展等方面，我们还有很长的路要走。比如，针对“谁是青年”这一基本问题仍然莫衷一是的现状，黄志坚教授 2012 年提出，国家应当尽早制定一部《青年法》，将我国青年的年龄界

限形成法规。《青年法》应该是促进青年优先发展的基础性政策。基础性政策的缺乏,深刻反映了在制定和实施促进青年优先发展的保障性政策等方面的不足。

习近平指出,要"为青年驰骋思想打开更浩瀚的天空,为青年实践创新搭建更广阔的舞台,为青年塑造人生提供更丰富的机会,为青年建功立业创造更有利的条件"。诗化的文字对进一步完善相关政策和制度,保障青年的优先发展提出了明确的要求。落实这些要求,固然需要团组织有所作为,但更需要各级党组织和政府立足促进转型发展、促进社会可持续发展高度,摒弃"任期"思维方式,摒弃急功近利的政绩冲动,在平衡不同群体利益、适当向青年倾斜的基础上,推出鼓励青年创新实践、破解青年民生问题等多方面具体、可行、长效的政策制度,并狠抓落实。唯有如此,青年才能拥有更广阔的空间和舞台,更好的机会和条件,以多方面优先发展的成果,更加全面、深入地反哺社会,促进"社会青年化"。

(刊载于《当代青年研究》2013 年第 5 期)

参考文献:

[1] 吴鲁平.双向互动中的沿承与更新——青年社会化与社会青年化[J].中国青年研究,1990(4).
[2] 宋德昭.试论社会的青年化与青年的社会化[J].当代青年研究,1998(4).
[3] 郑长忠.青年化社会背景下的共青团使命——网络时代中国政治的新命题[J].中国青年研究,2011(2).
[4] 张翼.中国青年人口的基本特征及其面临的主要问题——基于"第六次人口普查"数据的分析[J].江苏社会科学,2012(5).
[5] 冯慧阳.基于第六次人普数据谈中国人口老龄化新变化[J].商业文化,2011(8).
[6] 郑也夫.青年与成年的力量平衡:中国社会积极化的方向[J].绿叶,2009(4).
[7] 周晓虹.试论当代中国青年文化反哺的意义[J].青年界,1988(11).
[8] 周晓虹.文化反哺:变迁社会中的亲子传承[J].社会学研究,2000(2).
[9] 白龙.莫让青春染暮气[J].新一代,2013(11).
[10] 吴鲁平.优势群体还是优先群体——变动世界中青年社会地位的一种跨文化比较研究[J].青年研究,1999(6).
[11] 杨俊懿.网络时代与文化反哺[J].青年学报,2000(4).

在“需要”和“被需要”之间

笔者的几十位学生成了“小白菜”。回到课堂，课间聊起世博志愿服务的感受时，他们不假思索地说“被需要的感觉最强烈”。

一、被需要的感觉最强烈

上岗前，“小白菜”们接受了“志愿者角色与使命”“岗位基本知识和技能”“礼仪训练”“应急处置训练”“沟通与接待训练”“领导力训练”等内容的培训，但对志愿服务究竟需要他们干些什么，他们并不十分明确。进入世博园区和园外城市志愿服务的各个站点后，“小白菜”们发现，他们“被需要”之处既出人意料又数不胜数——游客和路人需要他们像“人肉搜索机”“活地图”甚至像“百科全书”一样回答各种问题，需要他们指点迷津，甚至帮着推轮椅、看孩子、买可乐；工作人员需要他们做随叫随到的“临时工”，搬搬运运的“棒棒军”，一天烧 600 杯咖啡的“免费小工”和维持秩序的“人墙”；外国人来了，需要他们充当翻译；再苦再累再怨，也需要他们笑脸相迎，微笑相对，倾力相助……

二、“小白菜”习惯于“需要”的充分满足，“被需要”是其难得的人生经历

多年来，“小白菜”们很少如此“被需要”过。从小到大，他们的“被需要”主要限于“乖一点”“读好书”“好成绩”“好名次”等极有限的几个方面。在绝大多数情况下，他们更多充当的则是“需要”者：在衣食住行及其生存发展的各个方面，他们都对家庭和社会提出了种种“需要”。

一般来讲，成长的过程就是“需要”被满足的过程。作为成长中的人，必然会有各种各样的“需要”，这再正常不过。不过，不同于前辈的是，“小白菜”这一代人，其种种“需要”的满足程度也许是前所未有的：长身体，需要充足的营养，父母就多方打探、深入研究，精心为他们构建好了“维生素体系”；时尚潮层出不穷，大人始终以饱满的热情，使他们的玩具库、文具库、衣橱中形成与时俱进的时尚品牌系列……“小白菜”们甚至还没想到，还来不及表达自己的“需要”，无数的“需要”便在他们不经意之间充分地“被满足”了。

“被满足”意味着不忧匮乏短缺，只需现成受用；“被满足”意味着不必扶弟携妹，尽管独自享用；“被满足”意味着可以不闻“风声雨声”，只要“书声朗朗”；“被满足”意味着自然而然索取，无须尽心尽力奉献。于是，在“需要”不断“被满足”中长大的“小白菜”们被骂为“脑残的‘90后’”“娇生惯养的垮掉的一代”。

以此为背景，世博志愿服务中“被需要的感觉”，便被放大为“最强烈”的感觉。在层出不穷、预想不到的种种“被需要”面前，“小白菜”们第一天新鲜，第二天累，第三天烦，第四天习惯，第N天爱上。

笔者的一位做过“小白菜”的学生在校园网本系空间中写道：“当换上自己的衣服，去跟馆内的老师、姐姐们和其他工作人员说再见的时候，看到华理的同学已经上岗了。看着那个岗位，我熟悉的区域，已经换成了不一样的面孔……现在因为离开却是有点哀伤，即使我还会以游客的身份进世博，但是身份不一样了，感觉和责任也会不一样。天下无不散的筵席，让我好好为这次志愿者活动画上一个完美的句号。”一位叫“会思考的芦苇”的志愿者

说：志愿者精神就是“更高的被尊重的需要和自我实现的需要”。由“被需要”的感觉而生发出“被尊重的需要和自我实现的需要”，“小白菜”们对人生和生活的理解在丰富和升华。

三、悦纳未来的种种“被需要”是“小白菜”们人生的课题

在未来的岁月中，“小白菜”们势必会越来越多地“被需要”。家庭、社会都会将越来越多的“需要”摆在“小白菜”们面前——岗位的职责、事业的召唤、家庭的分蘖、子女的养育、老人的赡养、社会的义务……同时，作为独生子女，“小白菜”们也势必将面临种种特殊的“被需要”：被更多的老人需要；被更严重的环境问题需要；被更严峻的资源问题需要；被更激烈的国际竞争、人际竞争需要……

由此看来，世博园区内外“被需要”的经历是一次具有象征意义的人生演习，是“小白菜”们极其珍贵的人生收获和财富。然而，如何增值这种人生收获和财富，保鲜这种强烈的“被需要的感觉”，悦纳和应对未来人生中层出不穷、应接不暇的种种“被需要”？如何在未来“被需要”的时候，做到“我们在你身边”冲得出，打得响？

很显然，“小白菜”们已经开始了思考。我的另一位学生在本系空间中说：“我们是被父母捧在手心中呵护着长大的一代，是饱受争议的‘80后’‘90后’。在身为‘小白菜’的日子里，我们用实际行动回应质疑，用汗水镌刻青春的记忆。这16天里，我们秉承志愿者精神，在奉献、友爱、互助中共同进步！”

这样的思考令人欣慰！然而，16天激情余绪尚未平息状态下的思考能持续延续下去吗？面对弄堂闾巷流行价值的“酸雨”，“奉献、友爱、互助”的价值和“被需要的感觉”有多强的抗腐蚀性，能穿透雨幕，使“小白菜”们在未来的人生中感受到更多“被需要”的快乐？从只知“需要”，到感受并认识到“被需要”，这是成长中的一次跨越。然而，在“小白菜”们成长的历程中，悦纳和应对更多的“被需要”，则必然要求他们经历和完成一次次蜕变。蜕变

难免带来自我否定的迷惘和痛苦，也难免遇见重塑自我的艰难。

在帮助他们完成蜕变、重塑自我方面，家庭、学校和社会应该有怎样的作为呢？

（刊载于《中国青年报·思想者》2010年7月26日）

单向的接轨：改革开放三十年来当代青年流行文化发展的基本状况

一、单向的接轨

改革开放三十年来，当代中国青年流行文化发生、发展，成为社会文化中非常重要的一个有机组成部分。在此过程中，与国际接轨贯穿始终，对当代中国青年流行文化具有十分重要而特殊的意义。

首先，与国际接轨为当代中国青年流行文化的发生、发展提供了载体，搭建了平台。欧美流行歌曲，迪斯科、霹雳舞、拉丁舞、桑巴舞、HIP－HOP等流行舞蹈，韩日欧美的影视作品，卡拉OK，肯德基、麦当劳等时尚餐饮，圣诞节、情人节等“洋节日”，皮尔卡丹等品牌服饰，日韩欧美的家电产品，奔驰、宝马等国际名牌汽车，互联网，移动电话……这些都是与国际接轨的阶段性、标志性产物，也都是促进当代中国青年流行文化发生、发展的重要平台和载体。很难想象，离开了这些平台和载体，当代中国青年流行文化会呈现怎样的面貌和状态。

其次，从20世纪70年代末中国青年通过邓丽君等港台歌星接触国外青年流行文化起，三十年来，当代中国青年流行文化发展的重要阶段、潮流趋势和标志性事件，都直接或间接与国际接轨有关。接轨贯穿于三十年当代中国青年流行文化发生、发展的全过程。可以说，当代中国青年流行文化发生、发展的过程，也是与国际接轨的过程。

最后，从基本内涵上看，三十年来，当代中国青年流行文化在传达中国青年特殊精神内涵的同时，也体现了当今世界许多国家的青年群体中普遍存在着的种种多元化的思想和情绪，比如个性的张扬、对自由的追求、强烈的自我意识、实用主义观念的增强、对主流社会文化的隔阂和反叛、追求社会公正与平等、偶像崇拜、追逐时尚等。①

因此，与国际接轨之于当代中国青年流行文化的发生、发展有着十分特殊的意义。通过与国际接轨，一代代青年越来越广泛深入地接触到了外部世界，其视野也越来越开阔。他们踏着与国际青年流行文化共时态的发展节奏，在“寰球同此凉热”的环境中生存、发展。当代中国青年流行文化几乎全方位地融入了国际潮流之中，呈现出了非常繁荣的局面。

然而，纵观三十年与国际接轨过程，我们却可以看到一个不争的事实：三十年与国际接轨，更多的是大量引进和输入种种域外青年中流行的文化类型和产品，更多的是种种域外青年流行文化在中国当代青年中掀起一波又一波流行文化的新浪潮，却鲜有中国青年独创的流行文化的输出②，鲜有对国际青年流行文化新风尚的引领。对此，赵启正以“文化交流的赤字”一词予以归纳，指出“在对外交流中，我们现在输入的外国文化是比较多的，相对这点来说，我们输出的文化比较少”③。

以“韩流”现象为例。2003 年前后，中国青年中的“韩流”现象颇为引人注目。“韩流”主要包括“韩国电视剧”“韩国音乐”“韩国电影”和“韩国游戏”，以及与韩国相关的美容、足球、手机、现代汽车等方面的内容。与此同

① 参见[法] 让-查尔斯·拉葛雷：《青年与全球化：现代性及其挑战》，社会科学文献出版社 2007 年版。

② 各种贴牌加工的工业品大量输出并不意味着接轨意义上的输出。

③ 国务院新闻办原主任、全国政协外事委员会副主任、中国人民大学新闻学院院长赵启正 2006 年 11 月 24 日，与“强国论坛”网友在线交流“中华文化的对外传播”等话题时，阐述了这一观点。

时，也有所谓“汉流”在韩日青年中流行。而“汉流”的主要组成内容，不是对中国输出的青年流行文化的追逐，而是韩国人中的学习汉语热。韩国人普遍认为，中国有13亿人口，卖牙签也可以卖到13亿个，可以赚大钱。因此，韩国人学习汉语的热情，主要来自对未来实际利益的考量。

改革开放三十年来，和国际接轨不仅已经成为社会的一种共识，而且已经成为一种现实。然而，这种接轨却是多进少出的单向接轨，更多的是“拿来”使用，却缺少创新性输出，缺少对国际青年流行文化话语主导权的主动把握。

二、解读“接轨”

“接轨”本是一个交通术语，指两条以上的铁路轨道相连接、相连通。窄轨与准轨相接，首先必须统一轨制、轨距，经历一个兼容的过程，达到相互之间宽窄、厚薄、高低的相同。此外，接轨也意味着两条以上铁路轨道必须按照同一种规则和管理机制运行，否则难免遭遇脱轨、倾覆之灾。

改革开放之初，人们的语言中还很少出现“接轨”一词，更多使用的是开放、引进等词汇。中国申请加入 WTO（世界贸易组织）前后，“接轨”一词被引申并被广泛使用和流行开来。而随着改革开放进程的深化，人们对接轨有了更加理性的认识。

一是与国际接轨不等于与国际并轨。“接轨”本是一个比喻。严格意义上讲，在一个比喻中，主体和喻体之间只是近似，而绝非完全相同；只是交叉，而绝非重合。“接轨”也是如此。铁路接轨总是意味着要么窄轨改准轨，要么相反，只能择一而并轨。与国际“接轨”则绝非并轨那么简单，而是需要一国与国际社会之间通过相互协商、相互斗争、相互竞争、相互妥协，以达到相互接纳、相互融合，从而实现互通有无、取长补短。一国要按照国际社会的相应惯例行事，国际社会也要充分尊重一国的具体情况，适当调整、充实国际惯例。因此，与国际接轨，接哪些内容、怎样去接，一切都要具体情况具体分析，不能不顾时间、地点、条件，照搬照套，并轨了事。

二是接轨不仅意味着输入，还意味着输出。有来，还要有去。《林海雪原》中的蘘尔小村庄夹皮沟通了小火车，绝不仅仅为了把山外的日杂百货运给李勇奇、小常宝们，更是为了向山外输出山珍林木。有进有出，小火车才会来来往往开得不亦乐乎，接轨才有效益、价值和意义。所以，接轨绝非只是后进向先进看齐，绝非只是欠发达国家和发展中国家跟随发达国家的脚步，绝非只是先进向后进输出文化、经济、政治……从根本上说，与国际接轨应该是一国与国际社会之间，在文化、制度、规范、标准等方面的对接和相互融合。对于当代中国来说，接轨主要指在全球化的大背景下，一方面按照特定的国际标准、规则或者惯例办事，遵守国际承诺，承担国际义务；另一方面，积极主动地与国际社会进行平等对话，在国际交流中为国家争取最大的利益。

很显然，我们多年来误读了“接轨”等概念。对概念的解读会产生相应的观念(并轨和输入)，而观念会直接影响人们的行为。当我们把“接轨”误读成“并轨”时，当我们将“接轨”误读成“输入”和“引进”时，青年流行文化中“文化交流的赤字”现象便合乎逻辑地出现了。君不见，国外歌星、影星你方唱罢我上场、款款走近中国青年，却鲜有中国歌星、影星走马灯似的在国外青年中亮相；君不见，盗版国外文化产品屡见不鲜屡禁不止，中国青年流行文化的作品却极少在国外畅销……

三、单向接轨的现实基础

然而，在对概念误读基础上形成的观念却绝非空穴来风，而是现实的产物。

现实之一：“文革”十年，使 20 世纪 70 年代末期的中国青年对国外的一切，特别是青年人所热衷的一切都充满了陌生感和新奇感，具有极其强烈的了解和把握的需求。这就为改革开放以后大量引进和输入国外青年流行文化提供了巨大的市场和动力。

现实之二：国外青年流行文化十分注重研究和把握青年群体的心理和

行为特征、价值观和文化消费口味。在此基础上推出的青年流行文化产品，具有较高的审美价值，容易契合不同国家和地区青年的审美口味，为各地青年所接受。同时，日韩欧美等国家和地区十分善于通过包装明星、推出文化衍生产品等方式，引发“追星潮”，有效地进行青年流行文化产品的营销。

以近年来中国部分白领中流行通过网络收看美剧为例。据调查，白领们喜爱美剧的原因主要是：“情节吸引人”（占被访者人数的 88.6%）、“制作精良”（48.9%）、“节奏快”（38.9%）。[1]再以韩剧为例。韩剧作品中，俊男靓女养眼，剧情单纯细致，注重人情与人性的细腻表现，画面唯美干净。总之，韩剧以情动人，以景迷人，以清纯引人，简单而精致，受到了中国青年的喜爱。

由于文化背景不同，中国青年对国外青年流行文化产品本来就有一种天然的好奇心。国外青年流行文化产品制作精良，营销有力，更容易为中国青年喜爱和接受。相较之下，国内创作的流行文化产品存在着比较明显的不足。于是，种种因素叠加，便造成了三十年来“文化交流赤字”，青年流行文化与国际单向接轨的现实。

现实之三：由于历史的原因，现代流行艺术、国际品牌、流行语汇、消费方式、互联网……这些促进青年流行文化发生、发展的平台和载体往往是由国际社会，特别是西方社会所搭建的。正如有学者所指出的那样：“WTO 规则是在美国及西方发达国家主导下制定的，不仅理念是美国式的，连措辞都是美国式的。”[2]有了高水平的“渔”，“鱼”便会源源不断。拥有了搭建这些平台和载体的能力，国外青年流行文化便占据了一种强势地位，源源不断地推出新的青年流行文化产品，通过越来越广阔、越来越通畅的渠道，向全世界青年社会扩散，影响甚至引领着国际青年流行文化发展的潮流。在这样一种情况下，中国青年流行文化更多地引进和输入国外青年流行文化，形成“文化交流的赤字”，便似乎顺理成章了。

总体上看，改革开放之初，引进和输入国外青年流行文化也许是一种必要的“补课”。但是，通过引进和输入“补课”，这不仅说明需要“补”的东西太多，也说明消化吸收的能力不强，更说明在引进和输入的基础上，创新、输出的能力也不强。

事实正是如此。以“西北风”为例。1987 年初，《信天游》一炮打响，“西北风”由此风行。应该说，“西北风”较好地体现了消化吸收和独创性的结合：引入西方摇滚乐的某些因素，着力发掘民间音乐特别是北方民间音乐素材，用现代人的视角，观照“黄土高坡”等意象所代表的中华传统文化的某种特质，以豪放又不无悲凉色调的演唱风格诠释古老民族的心声。然而，虽然“西北风”刮遍了全国，却并未作为一种中国青年流行文化的新元素吹向国际。

“西北风”未能吹向国际，这也许暴露了一些问题：在向国际市场有效地推广、营销国产青年流行文化精品方面，我们还存在着明显的不足，还有很多课要“补”。

“西北风”以其鲜明的民族性对东西方文化因素进行了成功的融合，具有较高的艺术水准。但是，即使是它，也未能成功地向国际市场进行输出和推广，至于其他流行文化产品，则只能局限于部分青年的小圈子中，供大家自娱自乐了。

总体来看，一方面，以领先的科学技术、雄厚的经济实力和成熟高效的营销手段为基础，国外青年流行文化在国际社会中占据着强势话语主导权；另一方面，我们缺少创新性青年流行文化精品，缺少运用国际市场惯例和规范进行有效营销的手段，这些共同构成了单向接轨的重要现实基础。

四、创新机制，促进双向接轨

从发生学角度看，原生态的青年流行文化发生于现实的青年生活，由青年自己创造，体现、抒发其对社会、世界和人生的感受和认识。其特征之一是花样不断翻新，较为零碎，但往往具有很强的创新性。对原生态青年流行文化形态、现象进行提炼、整合，去芜存菁，再通过产业化、商业化等手段，便形成了通过多种大众媒体广泛传播的青年流行文化。从这个意义上说，现实的青年生活乃是青年流行文化发生发展之源泉。有青年的地方，就有青年流行文化。

然而，我们可以清楚地看到，现实的青年生活中，创新性青年流行文化发生、发展的土壤总体上十分贫瘠。青年处在求学阶段，处在职业的初期阶段，一般来说，其主要任务是学习。但在学习过程中，青年却难以摆脱现行教育制度（人们约定俗成地称之为“应试教育”体制）的影响。一般情况下，“应试教育”往往特别看重所谓的“标准答案”，理论上支持但实际上不支持学生个性的发展和独创性的培养。现实生活中，青年除了面对巍峨书山，浩渺题海，除了努力背记“标准答案”、拼命应付考试外，往往缺少挥洒青春激情的空间和精力，往往缺少对青春梦想、青春迷惘和青春感受更丰富、更生动和更新颖的展示。更要紧的是，按照“应试教育”和“标准答案”的规矩，久而久之，青年学生难免会被揉捏成各种标准化的“方”和“圆”。即便走上工作岗位后，他们也往往会不由自主地按照种种给定的规矩和习惯来分析和解决问题。

青年流行文化的本质特质之一，就是创新性。现实生活中，青年既缺少创新的空间和精力，又缺少创新的习惯和能力，那原生态创新性青年流行文化从何而来呢？青年中随大流、从众现象盛行，已经昭示了原生态创新性青年流行文化缺失的事实。

原生态创新性青年流行文化的缺失，使得通过各种媒体广泛传播的青年流行文化精品成为无源之水、无本之木，使得青年流行文化的输出成为无米之炊。可见，缺少创新性青年流行文化精品，与我们的教育体制不支持，甚至阻碍青年的创新有着直接的关系。要改变这种状况，就必须改革现行的教育体制，建立激励、支持学生创新的教育体制，营造有利于创新性青年流行文化精品产生、输出的氛围。

另外，原生态创新性青年流行文化散落在各类青年群体中，需要社会相关机构敏锐捕捉到其中潜藏着的种种创新性因子，对其进行整合、提炼，予以推广、传播。这就需要明确相关主体，建立捕捉、整合、提炼、推广、传播的社会机制。这种机制的建立涉及国家完善扶持公益性文化事业、发展文化产业、鼓励文化创新的政策；涉及“政企分开”“政事分开”“管办分开”等方面，需要国家整个文化体制的改革予以支撑。

限于篇幅，本文对此不做展开，而要着重提出的是，在文化体制改革过程中，应该注重发挥文化企业的特殊作用，以促进青年流行文化与国际的双向接轨。因为文化企业能够相对敏锐地把握青年群体中文化生态的细微变化；能够更加能动地整合和提炼原生态青年流行文化中的创新性因素，更加灵活地组织生产；能够更加灵活有效地进行市场营销，包括进行国际市场的营销。值得注意的是，《国家“十一五”时期文化发展规划纲要》（以下简称《纲要》）以较大篇幅提出了文化创新问题，并明确提出文化企业应该成为文化创新的主体，并要不断培育文化创意群体和内容提供商，积极培育外向型文化企业。质言之，就是要充分发挥文化企业、创意群体在文化创新和传播中的主体地位。应该说，这些阐述都令人耳目一新。相信《纲要》的实施，将有力地促进文化企业更好地整合、提炼原生态青年流行文化的创新性因素，打造出中国青年流行文化的精品，并通过积极有效的营销，使之走向世界青年，以实现中国青年流行文化与国际的双向接轨。

从世代传承角度看，青年流行文化潜在地塑造着未来社会主流文化的形态、价值观和特质，是未来社会主流文化的一种大浪淘沙式的预演。因此，大力推进青年流行文化的健康发展，不仅是做好当下青年工作的需要，也是着眼于未来社会文化建设的一种基础性、前瞻性工作。在开放与接轨的时代，加强和推进青年流行文化的发展，必须努力实现与国际的双向接轨，不仅要大量输入域外青年流行文化的精品，更要不断推出，并有效地输出中国青年流行文化的精品。

（刊载于《改革开放三十年与青少年和青少年工作发展研究报告——第四届中国青少年发展论坛暨中国青少年研究会优秀论文集（2008）》2008 年 11 月）

参考文献:

[1] 文卫华,王圆. 从美剧的流行看中国观众对外来节目的接收——美剧的中国观众调查[C]. 中国传媒大学全国新闻与传播学博士生学术研讨会,2008.
[2] 子皓. "接轨"误区面面观[J]. 华人时刊,2008(3).

“韩流”只是“溪流”：中国青少年不崇洋

近年来，青少年中的“韩流”现象引起了人们较为广泛的关注，许多媒体都曾予以报道和研究。[①] 应该说，在日常生活中，人们确实能够从许多方面感受到“韩流”的存在——1998 年起，“酷龙组合”、H. O. T、神话、天使等音乐组合纷纷闯进中国青年流行乐视听阈；《天桥风云》《最爱是谁》等电视剧在中国多家电视台播出；2001 年 10 月，中国电影资料馆等单位在北京、成都、上海等地举办了“韩国电影回顾展”；2002 年，北京电影学院举办了韩国电影展及学术会议……种种韩国的文化活动、文化形式和文化时尚潮水般涌进中国，确实给人以“韩流”来袭之感。

但是，毋庸讳言，“韩流”对于许多人来说，更多的只是一种感受的描述，而不是一种理性体认。即“韩流”一词还只意味着对现象的一种描述，而不

① 如《文汇报》2002 年 8 月 23 日 P4 版，上海《社会科学报》2002 年 8 月 6 日等都曾经进行过报道和研究。特别是《社会科学报》发表的诸多短文《韩流 VS. 汉潮》《盲目民族自豪心之表现》《中国媒体应对“哈韩族”》《意外的产业富矿》《韩国媒体说韩流》等，集聚了数位中韩专家的意见。

是一个内涵和外延已经很明确的概念。之所以如此，是因为对“韩流”所包含的因素、肇因、载体、影响和走向等方面的情况，我们还缺少具体、准确的把握。换句话说，对“韩流”现象的前前后后，我们其实所知甚少，因此难以准确界定“韩流”的内涵和外延。

为此，我们在上海部分青少年中进行了一次微型调查，旨在为更准确地把握“韩流”现象积累一些重要的依据。需要说明的是，选择上海进行调查，主要是因为上海与汉城(原韩国首都，现更名为“首尔”)之间的距离非常近，航空时间只有90分钟，且近年来与韩国之间的交往又日益频繁，加上以青年人(主要是留学生)为主的数万韩国人常年居住在上海，因此，相对于其他地区的青少年而言，上海青少年“亲密接触”“韩流”的机会要多得多。

本次调查发放问卷60份，回收60份，回收率100%。主要涉及上海部分的大学生、中学生、青年职员。男性占37%，女性占63%；年龄跨度为15—25岁。其中，15—19岁的占20%，20—25岁的占80%；具有大专以上学历者占82%，大专以下学历者占18%。

调查的结果有些出人意料：

在“你认为‘韩流’是”这一问题中：43.3%的受访者认为“韩流”是“一种中国青少年中的时尚”；36.7%的受访者认为是“一种人为炒作出来的现象”；认为是“一种个别地方的个别现象”的，占15.3%；只有4.7%的受访者认为是一种普遍现象。与此相对应的，在“你认为‘韩流’现象”这一问题中：43.3%的受访者认为“只是暂时的现象”；21.7%的受访者认为“将长期存在”；“说不清楚”的受访者有20%；15%的受访者认为“偶尔会出现”。这些结果说明青少年对时尚和社会生活中的许多现象及其变换十分敏感，心态很平和，甚至有些见怪不怪、习以为常。

对“你崇尚‘韩流’吗?”这一问题的回答中，受访者的回答依次是：43.5%为“无所谓”；41.7%为“否”；8.1%为“是”；6.7%表示“曾经崇尚”。其中，选择“无所谓”和“否”者共占85.2%。这一数字说明，绝大多数受访青少年对“韩流”是不热衷的。这与人们“‘韩流’滚滚来”的感觉相去甚远。

这些数据是真实可信的吗?联系到以下的调查项目,我们就可以得到一些佐证。

对"'韩流'对你的影响主要体现在"这一问题的回答中:61.7%的受访者认为没有什么影响;26.7%认为主要体现在"喜欢模仿韩国青少年的装扮,如染发、穿肥腿裤、戴徽章饰物";"喜欢用韩国商品"与"表面没影响,心里感兴趣"者均占6.7%。

对"如果你崇尚'韩流',主要方式是"这一问题的回答中:18.3%的受访者选择"最喜欢韩国产的小饰物";"欣赏所有能收集到的影视作品"者为15%;有11.7%的受访者表示"有机会就参加歌迷活动";只有1.7%的受访者表示会"制作韩国明星的档案"。需要说明的是,问卷中"如果你崇尚'韩流',主要方式是"这一问题后面,我们有一个提示——"不崇尚者可跳过此题"。所以,只有46.7%的受访者对此题做出了回答,而53.3%的受访者则跳过了此题。

在"对韩国影视剧,你"这一问题的回答中:48.3%的受访者表示自己"兴趣不大";34.3%的受访者表示是因为"别人说好看才去看";"想方设法找着看"和"从来不看"的分别占7.4%和10%。

在"对HIP-HOP,你"这一问题的回答中:43.3%的受访者说"知道,但自己不喜欢跳";觉得"无所谓"的占21.7%;表示"不喜欢"的有16.7%;表示"非常喜欢,自己也常跳"的只有18.3%。可见,HIP-HOP在青少年中的影响力并不像人们所想象的那样大。

这一结果与前面的数据基本吻合,证明绝大多数青少年并不像人们感觉中的那样热衷、崇尚"韩流"。何以有如此大的差异?

也许以下数据能够告诉我们一些答案。在"你是通过以下哪种渠道知道'韩流'的(多项选择)"这一问题中:从"媒体宣传"知道"韩流"者占55%;通过"影视作品"知道的占48.3%;23.3%的受访者是通过"同伴传播"知道"韩流"的;只有3.3%的受访者由于"与韩国人交往"得知"韩流"的。与此相应,在"你认为'韩流'的主要载体是(多项选择)"这一问题中:60%的受访者认为是“演艺明星”；55％认为是“影视作品”；35％认为是“韩国商品”；41.7％则选择“青少年时尚文化”（此项比较笼统，主要是考虑到许多载体难以归入其他三项内）。总体上看，绝大多数青少年知晓、了解“韩流”的主要途径是媒体宣传（“影视作品”其实离不开媒体宣传，甚至本身就是一种媒体宣传）。这就容易使人们产生一种疑问：“‘韩流’滚滚来”的现象是不是与媒体的渲染直接相关呢？进一步讲，“‘韩流’滚滚来”某种意义上讲是不是媒体渲染甚至炒作出来的一种假象呢？

毫无疑问，“媒体的炒作”对于“韩流”之流行起着不可忽视的作用。一般来说，作为社会舆论载体的媒体，在引导社会风气、整合社会资源方面有着不可忽视的作用。而媒体的这些作用，往往是通过所谓“议题设置”的方法发挥的——“传播学研究证明，大众媒介具有‘议题设置’的功能。人们根据信息在媒介中所占据的位置来判断它的重要性，也就是说，大众媒介突出报道某些信息，人们就倾向于认为它是重要的。大众媒介并不直接影响受众的判断，它只设置了议题，便轻而易举地突出了信息在受众心目中的位置……从而影响了人们对时事的判断……”[1]就“韩流”而言，媒体不遗余力、连篇累牍地在醒目位置上对“韩剧”、“韩星”（歌星、影星、球星）、“青少年染发”等予以大篇幅报道和鼓吹，使我们立马就会产生“韩流”滚滚袭来的印象和判断。这就是媒介“议题设置”收到的预期效果。

媒体“议题设置”的过程，说到底，乃是在某种社会利益和价值的左右下进行的。只要看看韩国观光部等政府机构这些年借助对各类青少年文化时尚的推介以拓展中国市场的努力，我们就可以清晰地看到：“韩流”之兴起，有利于韩国经济、文化事业发展战略之推进；而从中、韩两国媒体而言，大力推介新异事物，乃是吸引人们“眼球”以提高媒体自身影响力的极为重要的手段。从这个意义上说，“韩流”的确离不开媒体的炒作。

当然，说“韩流”纯粹是媒体炒作出来的，这多少有失偏颇。事实上，在当今中国，许多年轻人对韩国流行文化中具体事物的喜好甚至推崇，确实是一种不可忽视的现实。特别是对韩国青少年的穿着的推崇，有53％的受访者认为“许多青少年崇尚‘韩流’，是因为‘韩国青少年的穿着能展现个性’”；30%的受访者认为“韩国青少年文化时尚色彩浓郁”。而对于“韩国影视剧受青少年欢迎”，55%的受访者认为其原因是“演员长得帅”；45%的受访者认为是因为“剧情感人”；25%的受访者认为是“中国人容易接受”；只有10%的受访者把原因归结于“广告做得好”(以上四项是多项选择)。至于“对金喜善这样通过后天整容而成的美女”，53%的受访者显得非常宽容——“看着舒服就行，是否整过容并不重要”；25%的受访者觉得“使自己更加靓丽一点，无可厚非”；只有3.3%的青少年感觉金喜善“并非天生丽质，让人心里不太舒服”。从整体上看，绝大多数青少年对韩国青少年中的一些时尚资讯和明星效应等还是很有好感的。

所谓中国青少年中的“韩流”现象，其实质大抵如此。从这些好感乃至推崇中，我们难以感受到对异国、异族文化的一种艳羡，更感受不到过去青少年中存在着的对“洋人”“洋事”的某种程度上的尊崇甚至盲目崇拜，而更多地感受到当代青少年对共时态新异文化现象兼收并蓄的敏感和兴趣。换句话说，青少年感兴趣的只是时尚资讯和明星效应本身，至于是中国的还是韩国的，青少年们并无太多的留意和关注。在许多青少年心目中，“金喜善”不再是一个异族美女，而是一个出了道、露了脸、惹人爱的邻家漂亮姑娘；首尔街头的流行和时尚，某种程度上就像是上海南京路东端的流行和时尚很快就会飞速传递到西端。在交通极其迅捷、互联网使全球消火了“时差”的共时态的条件下，青少年中文化时尚的传递、流行和蔓延，已经越来越多地淡化甚至消弭了种族界限和国界。而文化时尚某种意义上已经成为不同种族、不同国家青少年中的一种共同“语言”。经过改革开放后的多年洗礼，当代青少年对他国青少年时尚文化已经具有了一种越来越平和的心态。

综合以上种种可以看到，所谓“韩流”，其实乃是韩国青少年中的时尚在中国部分青少年中的一种共时态的、范围有限的流行。在这种流行中，中国青少年艳羡异族文化的因子越来越少了，更多的却是中、韩两国青少年之间的血脉相通、同声共气。同时，从调查所反映的社会状况和社会影响的实际效果看，“韩流”也许只能算是文化时尚传递、流行和蔓延过程中溅起的不大不小的浪花，或者只是时尚文化潮流中的一股小小溪流，而远非媒体所描绘的席卷一切的大潮和洪流。

（刊载于《中国青年研究》2004 年第 1 期，原题为《“韩流”·“溪流”——青少年中“韩流”现象微型调查报告》）

参考文献：

[1] 李良荣.新闻学概论[M].上海：复旦大学出版社，2001.

“家务”辨

——兼论“80 后”中的“零家务”现象

近年来，一些“80 后”组成的家庭中“零家务”的现象颇为引人关注。所谓“零家务”，是指都市人尽可能把家务减少至零，从传统的家务束缚中摆脱出来，用保姆或钟点工代替自己进行家务劳动的一种新的生活方式。[1]

有学者对“80 后”青年中的“零家务”现象，以及由此展开的不同观点进行了梳理。[2]一种观点认为：“零家务”提高了生活质量，使得原本用来做无甚创造力的重复劳动的时间，被节约下来去做“充电”、交友、娱乐、健身等个人更感兴趣或更富创造力的事情。这是生活质量提高的明显标志。持赞同意见的人群中，“80 后”占据着很大的比重。另一种观点则认为，家务作为劳作的一种形式，有着它的社会文化意义。家务很多时候并不仅仅是家务本身，同时也是家庭生活必不可少的纽带，能给对方更多的心意和惊喜。“零家务”可能疏离家庭关系，造成“零感情”。持这种观点的，主要是“80 后”的父辈及更年长者。

很显然，“零家务”是好是坏，其焦点在于对家务的不同理解上。家务是无甚创造力的重复劳动，还是家庭生活必不可少的纽带？对家务有什么样的理解，对“零家务”就会有什么样的态度。可见，要说清“零家务”的长与短，我们恐怕还是先得搞清楚“家务”这一概念。

一、家务的基本含义和功能

家务，大致上可以顾名思义地理解为家庭事务。从逻辑上看，这种理解未免有循环定义之嫌。雷·韦勒克、奥·沃伦说：“物体的本质是由它的功用而定的：它做什么用，它就是什么。”[3] 因此，我们不必急忙追问家务的定义，而应先看看家务的功能有哪些。

家务的功能极其多样，包含着多个层次和类别，难以尽述。本文只能做一些粗线条的分析：首先，家务直接影响着家庭这个社会细胞的正常运行，涉及俗语所谓的开门七件事，柴、米、油、盐、酱、醋、茶，还有烧烧煮煮、擦擦抹抹、洗洗涮涮等事务；其次，家务关系到家庭的基本建设，涉及置办家当、改善生活条件等事务；最后，家务关系到家庭的发展，涉及缔结婚姻、生儿育女、孩子教育等事务。总而言之，家务功能极其多样，涉及面极广，琐碎繁杂，“清官难断”。

从源头上看，家务实际上并非来自“家庭”，而是来自每一位家庭成员。烧烧煮煮，是因为每一个家庭成员都要果腹填饥，享受口腹之乐；洗洗涮涮，是因为每一个家庭成员都要遮体御寒，衣着光鲜；擦擦抹抹，是因为每一个家庭成员都需要生活在舒适惬意的环境之中。此外，家庭基本建设源于每一个家庭成员提高生存和生活质量的需要；承担家庭责任和义务则源于每一个家庭繁衍、养育后代的需要。所以，家务，实质是每一个家庭成员自身生存发展必然涉及，也必须做好的事务的集合。

一人吃饱，全家不饿，类似状况在现实生活中经常存在。一般来说，这是一个人从青年向成年的过渡期，或者形影相吊的孤独期（比如单身）等特殊人生阶段和际遇的特征。这样的人一般缺少家庭的照顾和温暖，常常被人同情。家庭，在这里显示出了其对人的生存和发展的重要意义。

家庭是所有社会设置（social institution）中最基本的实体机构，被称为

"社会的细胞"。[4]伊恩·罗伯逊(Ian Robertson)指出,家庭一般有以下几个特点:一是由以某种方式相互联系在一起的一群人组成;二是它的成员长期生活在一起;三是这群人中的成年人要对他们的全体后代负责;四是家庭成员组成了一个经济单位。[5]总之,家庭是在两性结合的基础上形成的一个集约化①合作体。它把以夫妻双方为核心的特定成员各自生存发展必然涉及和必须做好的各项事务整合在一起,通过以夫妻双方为核心的成员之间的分工、协作,进行集约化的处理,以符合人伦、道德、法规要求的运作,它既满足各成员自身生存发展的要求,又协力完成单个个体难以独立完成的责任和义务。因此,有人的地方,就有人生事务;有了家庭,家庭成员个人的人生事务就集约化为家务。家务与家庭如影随形。只要家庭存在,就必然会有家务在"恭候"。对于每一个家庭成员来说,做家务,既是为了别人,也是为了自己。从这个意义上讲,家务是不能被"零"掉的。"零家务"无从谈起。

家庭这个集约化合作体的许多主要事务,如家庭基本建设方面的事务(如置办家当、改善生活条件等),家庭发展方面的事务(如缔结婚姻、添丁进口等),家人之间相互关爱、夫妻生儿育女、子女教育等方面的事务,都必须由相关的家庭成员亲自去完成。英语对家务一词有多种说法:1. household duties; 2. household affairs; 3. household concerns; 4. household tasks;5. domestic chores;6. housework;7. housewifery。概括起来讲,这些说法主要强调这两个方面:一是家庭事务、家政、杂务;二是职责、本分和义务。可见,家务其实也是一种职责、本分和义务,不能潇洒地让外人(如家政服务员等)代劳。外人也许可以介入一些日常性事务,但不能介入家庭基本建设、家庭发展等方面的事务。

二、家务是一种深情"抚摸"

在"80后"家庭"零家务"这一特殊语境中,家务主要指烧烧煮煮、扫扫擦

① 集约化是相对于粗放化而言的,集约化经营是以效益(社会效益和经济效益)为根本对经营诸要素进行重组,以实现最小的成本获得最大的投资回报。

擦、洗洗涮涮之类的琐碎的日常事务。这些日常事务直接关系到家庭这个组织细胞的正常运行。至于家庭基本建设和发展等方面的事务，则甚少涉及。这与“80后”的人生戏剧大幕刚刚拉开，其家庭基本建设和发展等方面的事务尚未充分展开有关。“零家务”中被“零”掉的，主要还是烧烧煮煮、洗洗涮涮、擦擦抹抹之类最基本、最表层的方面，属于前文所说的第一个层面，也就是被人们视为“无甚创造力”的“重复劳动”部分。

不过，把这些方面的家务视为“无甚创造力”的“重复劳动”，某种意义上也许是一种误解。做饭前问家人想吃什么，对方总说“随便”，往往让人没有方向。面对着琳琅满目的菜摊子，买菜的人往往踌躇，不知该买些什么才能调和众口。这就要求他/她熟稔家人的口味、健康状况，善于想象，善于搭配，善于创新。因此，即使是烧烧煮煮、洗洗涮涮、擦擦抹抹等方面的家务，其实也是一种需要经验、想象力和创造力的劳动，并不那么简单。

同时，家务实质上乃是对自己和家人及其生活、发展的一种经营方式和途径，一种深情“抚摸”。

烧烧煮煮为家人做上一顿饭，填饱自己和家人的肚子，提供生命所必需的适宜的营养。孩子在长身体，需要更多均衡合理的营养；老人身体不好，需要特别的饮食；家人瘦了，要补充营养；家人胖了，要注意节食。总之，饭菜既要可口，又要荤素粗细搭配、营养均衡。一粥一饭背后，其实饱含了做饭人无数灵动的巧心，蕴含了做饭人对家人健康状况的熟稔和对生命的关爱。大长今说得好：做菜的时候用了心，饭菜就有了浓浓的情意。许多人对家庭温暖的美好记忆，往往就是由老爸老妈亲手做的饭菜这种具象化的载体牵连出的。因此，为家人做上一顿饭，实际上就是以饭菜为媒介，深情抚摸家人的口腹、味蕾，传递一种关爱。这是钟点工、家政工作者难以提供的。

洗洗涮涮家人的衣物，也是对家人及其生活的一种深情抚摸。妻子的纤纤玉手熨平丈夫的衬衫领子之时，谁说不正是在营造一个平整舒适的环境和关爱的氛围？年轻爸爸殷勤地为小儿洗尿片，谁说不是在为小儿的小屁股营造一个干爽舒适的环境，让它远离红屁股呢？母亲洗刷晒干儿子汗臭的运动鞋、运动衣，让儿子一身清爽地踏上球场，也同样如此。倘若让这洗洗涮涮被"零"掉，不也同时"零"掉了这一过程中所传递的深情了吗？

擦擦抹抹打扫家庭卫生，让家人远离灰尘、螨虫、细菌。摆上一盆花，让家人在馨香中感受家庭的温馨。贴上一幅画，让家人的双眼获得审美的愉悦。这些都是对家人身体和心灵的一种深情抚摸。

因此，即使是烧烧煮煮、洗洗涮涮、擦擦抹抹一类的家务，也绝非就是简单机械、周而复始的操作，实质上也是对家人及其生活、发展以深情抚摸的一种方式、载体和过程。很显然，这种深情抚摸难以由家政服务员提供，只能来自家庭成员内部。否则，家庭也许就难以可持续发展了。

中山大学教授王宁认为：家庭消费劳动时间的不断趋于减少，其途径有二，消费劳动物质化（消费劳动手段的现代化）和消费劳动社会化（消费劳动任务从家庭向社会转移）。[6]随着社会的发展，"家庭消费劳动时间"确实在"不断趋于减少"。在此过程中，"消费劳动物质化"是一条十分重要的途径。以家电为代表的现代技术手段，无疑可以有效地延长人们的手臂，但也仅仅是延长而已，却难以将家庭消费劳动时间减少至"零"。"消费劳动社会化"也是一个十分重要的途径。家政服务员同样可以延长家人的手臂，处理许多"简单重复"的家务劳动。然而，家政服务员能够对家人及其生活进行"深情抚摸"吗？因此，家务可以适当向社会转移，"家庭消费劳动时间"可以"不断趋于减少"，但这种减少是有限度的，不能归"零"，也不可能归"零"。

三、"零家务"是一种迷误

家庭和婚姻都需要经营。家务，就是从物质层面和精神、情感层面经营家庭和婚姻的最重要的途径和手段之一。人们通过烧烧煮煮、洗洗涮涮、擦擦抹抹，保证了家庭的正常运行，也深情抚摸着家人及其生活，传递着关爱，细水长流，润物无声，天长日久，使家人间的感情纽带日久弥坚，为家庭和婚姻的稳定与和谐、建设与发展奠定了良好的基础。至于添置家当、生儿育女等方面的家务，则直接推进了家庭的基本建设和家庭的发展，也是对家庭和婚姻的一种经营。

缺少家务的家庭和婚姻，难免缺少关爱传递和深情抚摸，往往难以稳定存活，更难以可持续发展。一些家庭的分崩离析和婚姻解体，往往就酝酿于家务缺失的过程之中。令人关注的是，许多"80后"组成的家庭和婚姻中，这种情况比较突出。

"80后"离婚率较高。根据相关统计，"80后"比其他年龄段的人更有"离婚倾向"。上海市民政局婚姻登记管理处发布的数据显示：2008年民政部门办理国内离婚登记36 811对(不包括法院判决的离婚案例)，其中，30岁以下的有17 412人，占47.3%。

毋庸讳言，这一状况与一些"80后"不知、不懂、不愿通过家务去经营家庭和婚姻，导致感情疏远直至破裂有着一定的关系。有调查显示，在已结婚的"独生代"家庭中，有30%聘用计时工来做家务，20%由父母定期为其整理房间，80%的家庭长期在双方父母家里"蹭饭"，30%的夫妇自己的脏衣服要拿到父母家里洗。一些"80后"认为，工作8小时都在全力打拼，下了班再一头扎进家务，何处排遣压力？如果两个人再为鸡毛蒜皮的家务小事发生摩擦，影响了夫妻感情，就更加得不偿失。不少"80后"小两口结婚仅一年左右，之所以打得不可开交，直至闹离婚，往往都是因为锅碗瓢盆、油盐酱醋、家长里短等小事。事实证明，"家务低能"是"80后"婚姻生活中的"软肋"，已经成为严重影响"80后"生活、成长和发展的一大障碍。

从社会学视角看，目前的"80后"小家庭以"二人组"为主要形式。齐美尔指出，"二人组"是只有两个成员的最小群体，包括婚姻、恋爱及其他亲密关系。因为需要双方共同参与并承担全部义务，二人组成为最不稳定的群体。如果有一个成员失去兴趣，二人组就会解体。[7]另外，按照迪尔凯姆的理论，在一个有机团结的群体中，分工导致的职能上的相互依赖将个体连接了起来。[8]当"80后"拙于，甚至不愿在家务方面承担应有的责任和义务之时，小家庭这一"二人组"中的相互依赖关系便难以维持下去，小家庭自身的存在便必然面临威胁。

“80后”不笨，事实上也不像想象中那般懒惰。那么，他们何以会“家务低能”呢？纵观“80后”成长发展的近三十年，我们可以清楚地看到，“80后”自小便被长辈里三层外三层地包裹得严严实实。长辈包办了几乎一切家务。每当“80后”出于好奇，想尝试一下做家务的滋味时，不少长辈便往往以“只要你读好书，不要你做家务”予以制止。一些长辈的普遍心态是：我的孩子长大以后，会不会做家务无所谓，反正以后只要有能力，这些事自然可以请人做。如果荒废了学业，家务事只能自己做一辈子。长此以往，不少“80后”在“零家务”的环境中长大，不仅缺少家务训练，而且也养成了饭来张口衣来伸手的“零家务”理念和习惯。很明显，一些“80后”小家庭中的“零家务”，乃是其在父母家中“零家务”的惯性延续和自然延伸。能力是训练出来的。“家务低能”，自然是因为家务训练太少。

父母长辈包办一切，即使“80后”已经成家立业。新近就有一个这样的例子：据报道，一位母亲因为女儿生活长期依赖父母，在女儿结婚时，竟将陪伴了多年的保姆“送”给女儿作陪嫁。“事实上，现在已经有一些家庭，在女儿出嫁时将保姆作为陪嫁。”上海市家庭服务业行业协会会长陈锡珠证实，她的一位朋友在女儿出嫁时也“送”了保姆。父母长辈这些包办一切的做法，实际上剥夺了“80后”亲身体验、亲手操持家务的艰辛和“深情抚摸”家人及其生活的乐趣和机会；剥夺了其培养自我料理、安排自己的生活和人生的能力。“80后”“家务低能”，责在长辈。

很少接触家务，自然对家务知之甚少；自然会把家务视为简单重复的操作性事务，没有多少技术含量，而忽视了做好家务其实是需要想象力和创造力的；自然会把家务视为可以完全由别人代劳的，而忽视了根本上它乃是对自己和家人及其生活、发展的一种深情“抚摸”的方式，是不能由别人代替的。“零家务”一词，就是这些误解的集中体现，就是这些浅见的关键词。

此外，社会文化中的一些风气、现象和理念，也是“零家务”观念和现象形成的重要因素。许多社会不良风气和现象，时刻影响着许多“80后”对世界和生活的体认，使一些人以为那就是理想的生活和人生。至于烟熏火燎的厨房活计，除污去垢的洗刷擦抹，还是“哪儿凉快哪儿去”，一“零”了之吧。

四、“零家务”是部分“80后”社会化过程中的阶段性现象

在人的社会化过程中，青少年时期极为关键。社会化理论告诉我们，人的社会化主要包括技能社会化、政治社会化、行为社会化和性别角色社会化等方面。人的社会化过程，就是通过角色学习，把自己培养成符合社会要求的社会成员，以逐步在社会生活中承担起特定的责任和义务的过程。

角色学习首先必须以基本生活技能和某些专门技能的掌握为基础，在此基础上了解自己在群体或社会关系中的地位，按社会规范行事。[9]家务能力无疑是基本生活技能中的重要方面。家务能力包含着耐心、细心、责任心、想象力、创造力等多种素质。这些素质是人们生存、发展所必备的。做家务的过程，实际上也是培养这些素质的重要过程。因此，基本生活技能的培养——技能社会化在人的发展中具有基础性地位，对人的政治社会化、行为社会化、性别角色社会化等方面发挥着潜在而深远的影响。“家务低能”势必会对人的政治社会化、行为社会化、性别角色社会化等方面的进程产生制约性影响。“80后”曾经被视为未长大的一代，这实际上就包含了人们对其社会化进程和水平的质疑。“家务低能”是导致他们“未长大”的重要原因之一。

值得注意的是，“80后”是在社会变迁剧烈的特殊背景下进入其社会化进程的。改革开放三十年来，在经济改革的引领下，中国社会生产力、生产关系、生产方式发生了史无前例的变化。在此基础上，中国社会的自然环境、人口、社会制度、思想观念、社会心理、文化生态等各方面也随之改变。在此背景下，“80后”青年一方面要在父辈的引导下完成传统意义上的社会化任务；另一方面，又必须按照社会变迁的实际状况和新的要求，学习和接

受前辈所陌生的许多新知识、新技能，把自己塑造成适应新的社会规范和价值的社会成员。在万千宠爱中，在几代长辈深重的期望中成长起来的“80后”，其自身社会化的任务其实很重。同时，两方面任务还时常会发生矛盾和冲突。当“80后”难以完全按照父辈的模本完成其社会化任务时，矛盾和冲突便显得十分突出。围绕“零家务”展开的争论，实际上就是“80后”在社会化历程中面临的矛盾和冲突的一种具体体现。

因此，对“80后”中的“零家务”现象，人们不必一味指责，不必简单地把它归结为“80后”的懒惰和无能。“80后”中的“零家务”现象，其实是由于特殊的成长历程造成的“80后”在日常生活技能学习方面的一种延宕现象。

现实生活中，真正“零家务”的“80后”家庭绝非大多数。相反，越来越多的“80后”独立生活后，特别是为人父母后，纷纷操持起了家务。由于心智已经相对成熟，他们中的许多人在操持家务方面上手快、效率高，也从烧烧煮煮、洗洗涮涮、擦擦抹抹的过程中体验到了更加深沉的人伦之情。这就启示我们，“零家务”现象也许只是部分“80后”社会化过程中的阶段性现象。对“80后”的成长，人们应该“风物长宜放眼量”。

在当代社会急剧变化的背景下，产业结构的调整，社会分工的调整，经济状况的改善等，都会对人们的生活方式产生深刻的影响。面对着前人不及的日渐丰裕的经济条件，面对着多元的文化和价值，当代青年更加自觉地追求个人生命的完满和丰富，更加自觉地追求生活形态和生活方式的个性化和多元性。从这个意义上看，“80后”中的“零家务”现象，事实上也包含着一种对生活方式个性化、多元化的自觉追求和探索。这种追求和探索难免会对人们千百年来已经习以为常的生活方式产生巨大的挑战和冲击。历史事实证明，“青年一向是变革的动力”。因此，对“80后”青年的生活方式，成人社会不能简单地以既有经验为参照和标准进行臧否，而应该在悉心指导他们的同时，支持和鼓励他们探索王宁所说的家庭消费劳动物质化、家庭消费劳动社会化的可行性和具体途径。也许，“重大的社会变革”“是在他们身上并通过他们实现的”。①

（刊载于《浙江青年专修学院学报》2009 年第 3 期）

参考文献：

[1][2][6] 胡晓红.“80 后”家庭“零家务”的社会学反思[J].中国青年研究，2008(11).
[3] [美]雷·韦勒克，奥·沃伦.文学理论[M].刘象愚，等译.上海：三联书店，1984.
[4][5] 童星.现代社会学理论新编[M].江苏：南京大学出版社，2003.
[7] [美]詹姆斯·汉斯林.社会学入门：一种现实分析方法[M].林聚仁，等译.北京：北京大学出版社，2007.
[8] 文军.西方社会学理论：经典传统与当代转向[M].上海：上海人民出版社，2006.
[9] 张敦福.现代社会学教程[M].2 版.北京：高等教育出版社，2007.

① 参见“对世界青年问题的分析——联合国教科文组织二十二届大会关于 1984—1989 年中期规划的青年工作的方针的说明”，载《青年研究》1984 年第 4 期。

“一删了之”：对青少年极端行为的一种解读

近年来，全国多地青少年极端行为频发。一些青少年或因人际纠葛，或因心中不满，往往一言不合便动手、动刀、下毒、设套，伤害甚至直接夺去同学、老师的生命，引起社会关注和震惊[1]。也有一些青少年或因个人愿望未能得到满足，或因不满他人批评，自伤甚至自戕。对于这些青少年来说，伤人或者自戕的种种极端行为，是他们破解困境、纾解烦闷、发泄不满的最为便捷的方式。这就像在电脑键盘上按下“delete”键，一删了之一样顺手。为此，本文借用计算机操作术语“删除”，指代他们的这种不计后果、草菅人命（自己的和他人的生命）的极端行为，努力发掘这些一删了之行为背后潜藏的种种问题。

一、“一删了之”的基本含义

“删除”，本意指去掉不要的东西。现主要用于电脑操作过程中，在信息记录载体和介质上消除种种人为的痕迹。文档、图片、网页、画面、游戏，只要不合操作者之意，皆可一删了之。这种删除功能比一代代学生所熟悉的橡皮擦抹除的功能更强大，更简便，更彻底（当然，特殊情况下，也可对未被重新覆盖的删除区域进行有限恢复，但这需要特殊技术）。当下一些青少年的极端行为，便体现出了此种一删了之的特征。

（一）“删除”的表现形态

1. 对象多样。青少年极端行为针对的对象多样。首当其冲的是同学，如马加爵连杀4位同学、林森浩毒杀室友黄洋等。在许多校园霸凌惨剧中，一些霸凌者对同学痛下杀手，种种手段和情节令人发指。第二是教师。近年来，有不少大学、中学，甚至小学的教师成为弑师案件中的不幸受害者。第三是产生矛盾纠葛的他人。如2016年的一例：2016年5月5日傍晚，安徽男子向上海女子求爱不成，在女子公司当场捅死对方，现场鲜血横流。第四是亲属。甘肃司某弑母、河南16岁少年雇武校冠军杀害父亲和姐姐。最后是青少年自身。这些年，各地都有一些青少年跳楼、割腕、上吊、吞药的例子，屡屡上演自戕惨剧。杨东平主编的《中国教育发展报告（2014）》搜集了2013年79例中小学生自杀案例。报告分析指出：中小学阶段中自杀率最高的是初中阶段。北京大学《中学生自杀现象调查分析报告》披露：中学生每5个人中就有1个人曾经考虑过自杀，占样本总数的20.4%，而为自杀做过计划的占6.5%。仅2010年上半年，江苏省自杀的大学生人数就超过40人。[2]

2. 手段极端。青少年极端行为所采用的手段多种多样，都以致他人或自己于死地为直接目标，十分残忍。2014年网上流传的一段视频中，一帮青少年用脚猛踢同学，有的还助跑起跳飞踹同学，还多次搬起水泥块砸向同学头部；同学不再动弹后，他们还纷纷解开裤子，对同学身体撒尿。四川师范大学大一学生腾某残忍杀害室友：死者身中50多刀，头颈离断。2016年5月5日，因日常学习产生矛盾，济南一初三学生吴某在矿泉水瓶中放入0.5克硝酸铅，致同学郑某中毒。种种手段简单而极端，令人发指。

3. 毁灭生命。青少年的种种极端行为，之所以被称为极端，关键就在于他们并非一般性地伤害他人或自身，而是一言不合便直奔要害、招招致命，直接引发命案。好多惨剧的主角都是青少年。除了直接毁灭他人生命以外，多地还屡发青少年通过跳楼、投河、上吊、割腕等多种形式毁灭自己生命的惨剧。总之，在近年频发的青少年极端事件中，直接毁灭他人或自身的生命，已经成为一种基本的"剧情"要素。

（二）"删除"的实质

1. 轻易否定生命价值。"删除"的基础和前提是删除者对相关对象及其内容持否定性的价值判断。青少年极端行为的实质，就是对他人和自己生命价值的轻易否定。

首先是对他人生命价值的轻易否定。这些青少年对包括自己生命在内的所有生命现象缺乏自觉认识，缺乏基本的生存意识、安全意识和死亡意识。对于他们来说，生命只是可以由他们随意处置的一砖一石而已。由此，他们情绪一旦失控，便会轻易、直接地否定他人生命存在的理由和权利、价值和意义。"去死!"对于一些青少年来说，这不仅仅是一句口头禅，也意味着他对他人生命价值的直接否定。

其次是对自己生命价值的轻易否定。《中国教育发展报告(2014)》指出，中国 18—34 岁人群死亡案例中，自杀是其中最大的死因，也是青少年人群的头号死因，超过了车祸、疾病等。且自杀人数是他杀人数的 7 倍以上。

2. 轻易放弃修缮和努力。不少走极端的青少年往往都在生活和学习中遇到了一些不顺心的人和事，诸如"成绩下滑或不理想""教师行为失当""作业没完成""家长期望值过高""被家长批评""同学之间有矛盾"之类的小事和琐事。对此，他们不是想办法化解和解决、修缮和改进，而是以决绝极端的方式"快刀斩乱麻"，对种种不顺心的人和事一删了之，只图省事，不计后果。山西朔州的弑师案中，相关学生因被视为"差生""坏学生"，发誓"做鬼"也要杀掉两位初中老师；浙江缙云弑师案中，学生害怕老师在家访时告状，杀害了自己的老师……有人对 2001—2015 年这 15 年中 58 起青少年学生弑师案进行了研究。研究发现，在 58 起案例中，受害者有 22 人为班主任，占青少年学生弑师总数的37.93%；其次为语文老师(7起，占总数的12.07%)、英语和物理老师(各3起，占总数的5.17%)、数学和值班老师(各2起，占总数的3.45%)，此外化学、美术、体育、校长、院长、教务科长、代课老师、保卫科老师、教授各1起，占总数的1.72%，其余10起为信息中没有明确记载具体所教科目的老师。[3]

面对不顺心的琐事，也有一些青少年轻易放弃自我调整和改进的努力，对自己的生命直接“一删了之”。湖北郧县(现为郧阳区)一初中男生金某因被班主任批评，并被要求请家长到校，从办公室出来后，直接从四楼教室跳楼身亡；2014年3月13日晚上，浙江省温州高三学生贺某，突然蹿起来爬上教室窗户纵身下跳；2011年1月5日，华中科技大学文华学院一名男生跳楼身亡；2011年3月3日，福州大学管理学院一女生因失恋而自杀；河南大学某学生因高额手续费、滞纳金以及信贷业务负债几十万元而自杀；2016年6月12日，贵州一男子周某沉溺于网上赌博，输光积蓄，欠了很多人的钱，“准备去干一件疯狂至极的事情，丢小命是一定的”，制造了浦东机场爆炸案……

值得特别关注的是，与此同时，一些青少年闯了祸，惹了事，却不愿承担后果，一不做二不休，采取杀人灭迹等极端行为，试图把自己的过错一删了之。药家鑫对被自己撞伤的张妙杀人灭口便是一例。笔者以“青少年杀人灭口”为关键词上网搜索，首页便显示出如下标题：《15岁少年盗窃被发现杀人灭口，11岁少年毙命》(网易新闻中心)、《14岁少年用榔头杀人灭口》(百度贴吧)、《13岁少年行窃后因老人报警而杀人灭口》(新华网安徽频道)、《4岁女童半裸死亡令人震惊》、《18岁少年欲性侵杀人灭口》(话题_四海网)……

(三)“一删了之”的危害

毋庸赘言，一些青少年对自己和他人生命“一删了之”的极端行为，其危害深重。

1. 戕害宝贵生命。无论是被害者，还是加害者，他们鲜活的生命被“一删了之”，无法重来，无论如何，都是不可挽回的损失。

2. 破坏社会和谐。青少年极端地采用对生命“一删了之”的方式，非但不能化解，反而加深了种种人际矛盾，使之剪不断理还乱，愈发难以收拾。更重要的是，这种“一删了之”助长了社会生活中的暴虐戾气，容易形成以暴制暴、以血还血的不良局面，严重影响着社会和谐。

3. 践踏人伦公德。青少年对他人和自己的生命“一删了之”，严重违背了人伦公德，是社会人伦公德的极大沦丧。弑师、弑亲践踏了千百年来形成的优秀传统、规范和对人伦基本关系的维系，对教育事业、人类文明的传承发展产生了极大的危害。随意毁灭同学和他人的生命，使人的生命被置于轻于鸿毛的境地，这不仅使社会上人人自危，而且将使得在当下社会中已经严重被物化的生命的价值和意义被进一步轻视。

4. 形成不良示范。青少年群体是特别容易受到各种外在事物影响的特殊群体。小部分青少年的极端行为具有较强的传染性，极易诱导一些心有怨愤、烦恼的青少年如法炮制，以种种极端行为对待自己生活中的人和事。

青少年中的极端行为及其严重后果，亟须引起全社会的关注、警醒与破解！

二、“一删了之”的多重原因

青少年极端行为何以频频发生？

一些青少年往往是脑袋一热、一时冲动，以极端行为戕害他人和自己的生命的。然而，冰冻三尺非一日之寒。阿加莎·克里斯蒂在其《零时》（又名《走向决定性的时刻》）中说，“引人入胜的侦探故事总是从谋杀写起，但是，谋杀就是尾声，故事在很久以前就展开了——有时是在很多年以前——各种各样的原因和事件，把某些人在某一天的某一时刻带到某一个地点”。《零时》主人公内维尔年少时曾“误杀”了弟弟。但惨祸发生前很久，就有人多次看见他独自在僻静处苦练射箭，做着射杀弟弟的准备。青少年中频发的极端行为，其实是其成长过程中多方面因素合力培植出的恶果。

（一）“一扔了之”的生活方式

当今青少年生长在改革开放年代。对于他们中的绝大多数人来讲，温饱早已不是问题。前辈缺吃少穿的生活状况，他们已经难以想象，往往只是视为故事。他们中的绝大多数人早已习惯于享受现成的一切，而无须承受稼穑之苦，体验生存之难。一般情况下，人们出了力，流了汗，往往才会更加珍惜自己的劳动成果。享受现成和轻易获取的成长经历，使很多青少年不知艰辛为何物，不知珍惜为何物。

很多青少年逐步养成了不同于前辈的生活方式——一扔了之的生活方式。“新老大旧老二，缝缝补补给老三”，对于他们中的绝大多数人来说，这早已是遥远的传说。从小到大，他们没有穿过破衣服和补丁衣服，修修补补是一种稀罕。牛仔裤上的破洞并非经济拮据的结果，而是炫酷的符号。衣物用品旧了，可以送人，或者干脆扔掉。剩菜剩饭，常常被毫不在意地倒掉。

在青少年成长的过程中，一扔了之得到了“一次性”消费方式的有力支持。种种“一次性”物品携带着一扔了之的消费和价值理念，逐步渗透进人们的生活方式、日常学习、工作、人际交流，乃至情感生活之中。青少年的学习生活一定意义上也成为一次性消费：只要通过了考试，教材和教参，笔记和习题，都失去了学习和使用的价值，都可以被一撕了之。每年高考结束后，许多中学校园都会上演的“撕书大戏”，既是学子们不满和憋闷的一种发泄，也是其一次性学习价值观的体现。2016 年 6 月 19 日，近千名重庆考生砸掉 3 吨西瓜释放高考压力，种瓜人一季辛劳被一砸了之。青少年的家庭生活中也有了一次性消费——“零家务”。很多青年成家立业后，倾向于依赖老爸、老妈、保姆、用人，把清洗、修缮、整理之类的家务事一“零”了之。这也为小家庭的分崩离析埋下了祸根。一定意义上讲，近年来，许多“80 后”“90 后”小家庭的脆弱易破，往往都与这种一“零”了之（“零家务”）的理念和做法直接相关[4]。

一扔了之意味着缺乏珍惜和尊重。人们常常抱怨老人舍不得扔掉旧物。事实上，老人舍不得扔掉的不仅仅是一些旧物，更是凝聚于其中的一些甜酸苦辣的情感和人生记忆。20世纪90年代,电影表演艺术家程之接受笔者采访时说:"在我的家中,从来不许孩子随意把玩具扔掉,更不允许孩子有了新玩具就扔掉旧玩具。不喜新厌旧是家庭一直向我们灌输的观念。孩子轻易地扔掉玩具,实际上是在扔掉感情,扔掉一种弥足珍贵的亲情和爱心。"[5]毫无疑问,一扔了之的生活方式和习惯,使一些青少年对自己身边的人和事缺乏必要的情感和珍惜。"光盘行动"数年前轰轰烈烈,现如今却有些虎头蛇尾,说明这种一扔了之、不懂珍惜的习惯在一些青少年身上已经根深蒂固。

什么都可以扔掉,生命何以独能避免?

(二)"一删了之"的网络生存方式

互联网生存方式为一些青少年"一删了之"的行为方式提供了必要的条件。其一,网上生活以电脑操作为基本依托,"删除"是"一删了之"的技术基础。其二,互联网世界中,图文是基本的信息载体。而图文都是现实世界的投影和符号表达,不等于本体和实体,可以被随意创制和删除。游戏中的对手也只是一些符号,可以随时被消灭,甚至可以被随意屠戮杀死。只要删掉重来,死去的对手又会满血复活。"他们在游戏里都是这样,打死,杀死,很平常。"[6]其三,互联网生存方式是一种"无背景"的生存方式,这就为人们于其中为所欲为提供了便利。

好奇是青少年的本性。在互联网提供的声光电交相辉映、极其逼真的各种游戏情境中,他们可以尽情扮演现实生活中常常不可能扮演的、不同于社会角色的种种虚拟角色,以现实生活中难以具有的种种超常能力呼风唤雨、指点江山,毫无挂碍地游戏,甚至杀戮。这就使得他们沉浸其中,乐不思蜀。

从不少极端行为的"套路"可以看出,以极端行为对待他人和自己的青少年,大都是在虚拟世界中浸淫多年的"年轻的老网民"。他们的很多极端行为往往就脱胎于互联网。比如河南买凶杀死父亲和姐姐的男孩,其一招一式令人想起很多类似的游戏和图文作品。这些作品充斥于网络空间。一定意义上讲，在现实中杀人，乃是他们在虚拟空间中杀人游戏的时空延伸和场景移植。在现实生活中的一杀了之，其实是网络虚拟世界中一删了之的移植。

很显然，不能把这种网络中的一删了之移植为现实中的一杀了之，简单视为年幼无知、一时糊涂与失控的表现。因为，年幼之人很多，一时糊涂、失控之人也不少见，但并非所有年幼、糊涂、失控之人都会对他人和自己的生命一删了之。另外，正如《中国教育发展报告(2014)》所指出的那样，相当多的自杀者是在清醒状态下做出的决定。很多青少年也是在清醒状态下对他人生命一删了之的。他们其实很清楚其一删了之行为的性质和后果。在一起15岁少年的杀人事件中，有关报道称，“杀人前，这个少年上网详细查过相关法律”“知道未成年人犯罪不会被判死刑”[7]。因此，真正可怕的不在于他们年幼无知，一时糊涂与失控，而在于他们中的一些人已经从电脑和网络中的一删了之中逐步养成了对他人和自己生命价值的漠视；在于他们中的一些人已经做好了一杀了之的“技术”准备和心理准备；在于他们中的一些人揣着明白装糊涂，能够自然地实现从一删了之到一杀了之的过渡。

(三)“一宠了之”的家庭教育

一些青少年漠视生命价值，随意对他人和自己生命一删了之的问题，其根源显然首先在于家庭教育。

家庭教育一宠了之。大多数家庭最关注孩子的功课和考试成绩，至于孩子的身心健康、公民素养、校园表现、社会适应等多方面，往往理论上重视，实际上却无暇顾及，更多“无为而治”。孩子只要成绩好，一俊便可遮百丑；孩子倘若成绩差，则难免一丑遮百好。在功课和成绩上，家庭往往都是不让步、不松懈的，而在其他几乎所有方面，则对孩子百依百顺，甚至流于溺爱。溺爱，就是一切以孩子的好恶为转移。其本质，就是不讲规则，不讲原则，甚至不讲理性。溺爱使孩子唯我独尊，受不得任何委屈，经不起任何挫折。同时，溺爱必然会使孩子缺乏“承认他者”的意识。“所谓‘承认他者’，就是相互承认他者——个体，群体，民族和国家的生存权、发展权、信仰权，就是'己所不欲，勿施于人'。"这是"人类自觉群居所需要的最基本素质"[8]。27次违章的浙江男子遭交警拦查时说："你扣我车我就毁灭地球。你要是激怒我，我是要灭掉地球的!! 我从小没有受过任何委屈，因为我要登上一个帝位，我要坐伟大的帝位!!"溺爱不仅会孕育出"雷"人"雷"语，更有可能纵容出对他人和自己生命一删了之的残忍行径。

教育责任一推了之。在青少年成长的过程中，家庭教育和学校教育是不可或缺的两翼，两者必须保持不间断的联系与互动。同时，在两者之间，家庭教育应该处于主导地位。然而，一些家庭在教育子女方面既缺乏耐心，也缺乏能力。这些家庭往往只是把学校视为"来料加工厂"和托儿所，把教育孩子的重任一股脑儿地推给老师："孩子交给你了，你该打就打，该骂就骂。"教师承担着过重的责任，事实上却又缺乏批评、处罚学生的权力，非但不能打骂学生，有时候甚至连一句重话也不能讲，必须小心翼翼地对待他们。家长们则忙于生意交易、外出打工挣钱，对孩子在家庭之外的情况知之甚少。甚至连自己的孩子杀了人、闯了大祸，有些家长也是通过媒体才得知消息的。山西运城学生被同学打死后，他父母才知道儿子在学校"几乎天天挨打"。

（四）"一考了之"的学校教育

应试教育①使学校的一切工作都被促进学生在各类考试中取得好成绩这种几乎唯一的价值追求和目标所统摄和简化。虽然多年来学校也不断进行调整，努力推行素质教育，然而，应试教育的基本格局未变，学校教育的核心价值追求也未变，"考"仍然是学生学习生涯中最大的问题和关键。这就使得很多青少年始终处于巨大的压力之中，并在这种压力下度过自己的求学生涯。一些青少年由于种种原因，在学习方面面临着困难，成绩不理想，不幸被视为"差生"。"一考了之"的教育使之直接面临着被淘汰、价值被简单否定，却又难以依靠一己之力进行修缮、调整和改进的局面。对于他们来

① 虽然学者们对"应试教育"这一概念时有争论，但这一概念从一定意义上揭示了现行体制下中国教育的某种特质，引起了广泛的社会共鸣和认同。

说，“一考了之”其实就是对他们的“一删了之”。由此，“破罐子破摔”成为不少“差生”共同的处世态度。事实上，恰恰就是这样一些青少年，成为对他人或自己生命一删了之的主力。

(五)“一×了之”的社会现实

当今社会中，多种“一×了之”的现实状况构成了青少年生存发展的基本背景。

“一推了之”的懒政。一推了之，主要包括两方面含义。一是一些党政机关在不了解实际状况、不顾及百姓难处和意愿的情况下，拍脑袋决策，制定和推行一些政策指令。二是遇到困难和问题，一些党政机关往往互相推诿扯皮，一推了之。无论哪一种一推了之，党政机关的这些行为都体现了对种种文化、文明、生命价值的漠视，对种种拯救、挽救、修缮的努力的否定，事实上既拉低了公众对党政机关的信任度①，也给很多社会成员尤其是青少年起了极恶劣的反向示范作用，对失责行为有推波助澜的作用。

(六) 异质同构

“一删了之”的网络生存方式、“一宠了之”的家庭教育、“一考了之”的学校教育、“一×了之”的社会现实之间存在着明显的异质同构关系。异质同构是指在外部事物的存在形式、人的视知觉组织活动和人情感以及视觉艺术形式之间，有一种对应关系。格式塔心理学美学的代表人物鲁道夫·阿恩海姆说：“我们必须认识到，那推动我们自己的情感活动起来的力，与那作用于整个宇宙的普遍性的力，实际上是同一种力。”[9]道格拉斯·霍夫施塔特则言简意赅：“同构就是构造相同。”“同构的本质是一种映射，通过这种映射，一个系统的结构可以用另外一个系统来表现。”[10]异质同构关系在不同的事物之间普遍存在。一定意义上讲，这正是“世界是普遍联系的”的这一观点的一种具体表现。

---

① 据2016年6月发布的调查显示，公众对教师的信任度最高，达到86.5%。随后依次是医生(78.4%)、同事(69.4%)、警察(68.2%)、法官(60.9%)、党政机关干部(53.8%)和商人(29.8%)。党政机关干部的公众信任度明显靠后。参见邹宇春、周晓春：“当前中国社会信任度调查”，新华网，2016-06-14，http://news.xinhuanet.com/politics/2016-06/14/c_129059967.htm。

"异质同构"理论有助于人们透过风马牛不相及的表象,把握不同事物之间内在深层的逻辑联系。借用这种"异质同构"理论,我们可以清楚地看到,"一删了之"的网络生存方式、"一宠了之"的家庭教育、"一考了之"的学校教育、"一×了之"的社会现实之间存在着明显的同构性。异质意味着不同的事物、场域和环境,在本议题中,主要指的是青少年现实、虚拟的生活环境、家庭和学校教育,以及社会生活环境等;同构则意味着思维方式和行为方式的内在逻辑一致性,在这里主要指的是青少年对包括生命价值在内的种种价值的忽视和轻易否定,对修缮、改进和优化的轻易否定与放弃等方面。总体来看,异质同构意味着青少年在不同的生存场域和环境中,其上述思维方式和行为方式不断得到强化。在不断强化和一些偶发事件的触发下,一些青少年的极端行为便惨烈上演了。

三、以治本之策消除"一删了之"

青少年极端行为频发是一些社会问题冰冻三尺的结果。要有效消除青少年中的极端行为,这需要全社会共同应对和努力。

(一)要治标更要治本

面对种种惨剧,人们痛定思痛,从家庭、学校、社会、互联网和媒体等多方面进行了检讨,提出了对策和建议。比如,有人提出:在家庭教育方面,家长应避免采用"唯分数论"的教育模式,而应将更多的精力放在关注孩子的情绪及心理健康方面;在学校教育方面,教师不但要教好书,更要育好人;在社会管理方面,应强化未成年人保护的社会管理,切实采取措施防止未成年辍学,严格查处用人单位雇用童工的现象,尽量给孩子创造健康成长的社会环境。还有人提出:要加强青少年生命意识教育,普及青少年心理卫生知识与心理危机应对技巧,建立健全社区、学校等组织的心理咨询机构,了解青少年的心理发展状况,建立青少年极端行为预防的多级响应模式,做好特殊青少年群体的心理健康教育工作等[11]。应该说,这些意见主张家庭、学校和社会齐抓共管,不无道理。然而,一幕幕惨剧却昭示人们,这些对策和意见大多老生常谈，往往治标不治本，难以收到实效。事实上，家长们并非不知“养不教父之过”之理，学校老师们并非不知“教书育人”之责，社会各界也并非不知为青少年营造良好环境的重要意义，然而，青少年极端行为依然频发。种种严峻现实说明，对教育引导青少年，家庭、学校和社会非不知也，而是少作为也。少作为必然常常缺位，必然形成许多教育引导的缝隙和空白地带。青少年极端行为恰恰是在这些缝隙和空白地带长出的恶果。

再比如，有人认为，媒体暴力已经成为青少年犯罪的“黏合剂”，黄色传媒侵蚀毒害青少年的心灵，犯罪新闻成为青少年的犯罪模板。还有人认为，日益发达的媒体，尤其是自媒体时代全时段全方位的传播会放大事件的影响力，会强化大众对社会的不良印象和感受，甚至会造成社会错觉。因此，必须加强对互联网和新媒体的管理。然而，这种管理同样也只是治标之策。互联网和媒体其实只是工具，工具本身并没有出现问题，出问题的是使用这些工具的人，尤其是其价值理念出了问题。

（二）要治事更要治心

消除青少年极端行为需要治本之策，而治本的关键在于矫治人们心中肆虐的急功近利的社会价值观。从根本上说，一删了之和种种“一×了之”之间高度同构之处也在于此。急功近利的社会价值观的核心是只关注眼前的现实利益；其基本模式是人们以资源和工具的尺度衡量、把握、对待一切人和事。这种价值观使人们倾向于把自己视域内的一切，包括时间、青春、体能、健康、信誉、环境、职位，乃至生命，都视为牟取现实利益的资源。不管这些资源是自己的还是他人的，是私人的还是公众的，只要就近、顺手，人们都可以不择手段地直接拿来作为资本，以满足自己当下的逐利需要，纵然焚琴煮鹤、黄钟毁弃，皆在所不惜；其行为习惯是抄近路、走捷径。急功近利的社会价值观的实质必然是紧盯物质的利益，而漠视人的情感和精神价值，甚至漠视人的生命价值。人不再是目的自身，而只是一种可资利用的资源[12]。

毋庸讳言，这种急功近利的社会价值观已经深深地渗入家庭、学校和社会生活的几乎每一个角落之中。青少年是成长中的人，需要大量资源的投入和支持。这种投入和支持虽然暂时难有现时的回报，却能在未来形成家庭、社会和国家的生产力、创造力和竞争力。然而，急功近利的社会价值观往往只在意眼前的投入，却把未来的收获视为解不了近渴的远水。由此，青少年现时的分数和成绩总被成人世界目不错珠地盯着，而青少年的身心健康却往往容易被有意无意地忽视，甚至放弃。在教育、引导青少年方面，家庭、学校和社会少作为的深层原因也在于此。

处在这种急功近利的社会氛围中，善于模仿的青少年难免近墨而黑，如入鲍鱼之肆，久而不闻其臭，亦与之化矣。当眼前的人和事非但不能成为实现眼前的物质利益的手段和资源，反而成为一种"障碍"时，那么，对那些"障碍"一删了之、一扔了之、一推了之、一×了之，便成为最便捷的合乎逻辑的选择。

因此，治心才是治本之策。只有努力从人心中荡涤这种只见物不见人，只顾眼前物质利益，不管长远利益的急功近利的社会价值观，才能使家庭、学校和社会真正重视青少年的健康全面发展，才能使青少年免受成人社会种种急功近利行为的影响，远离一删了之的邪恶。

（三）要教育更要用重典

青少年出了问题，根子往往都在成年人身上，尤其体现在成年人急功近利的社会价值观中。荡涤急功近利的社会价值观需要教育，不仅要教育青少年，更需要教育成年人。"预防青少年暴力犯罪不仅需要教育学生，也要教育家长。"[13]问题在于，教育的形式有多种，而事实一再证明，很多时候，尤其是在人们物欲膨胀的情况下，苦口婆心的说服往往没有什么效果。此时，更需要的往往是重典。重典不仅是惩罚，也常常是一种重要的教育形式。

1. 以严惩教育青少年。对那些以极端行为戕害他人生命的青少年，是否应该严惩？对此，人们有不同意见。这些意见主要集中在是否"降低刑事责任年龄"上。有法学家认为，"降低刑事责任年龄，不能有效解决青少年暴力犯罪"。然而，对他人采取极端行为的青少年是否应该得到严惩是一回事，严惩能否"有效解决青少年暴力犯罪"却又是另外一回事。把两者混为一谈，就好比把有重病要不要猛药治，与治了病能不能保证其他人不会生同样的病一样，多少有些缠杂。事实上，无论是有意为之，还是懵懂无知，对他人采取极端行为的青少年都缺乏对自己和他人生命的责任意识。因此，是不是“降低刑事责任年龄”，这自然有待于法学家们继续争论，但通过严厉的惩罚而不是“保护”，对他们，特别是一些钻法律空子的青少年进行教育，以培育和强化他们的责任意识，这无论如何都是必要的。

2. 以责任规约家庭和学校。青少年极端行为频发背后，家庭和学校教育都存在着一些问题。这些问题往往都是长期缺乏责任意识造成的。其中，家庭教育问题往往是学校教育问题的源头。一般情况下，大多数家长都知道自己有对孩子进行“成人”教育，使之顺利完成社会化过程的这种责任，也能够勉力履行这种责任，但有些家庭或因为经济条件较差，或因为经济意识过强，家长只忙于打工挣钱，以给孩子更好的生活保障和条件，却忽视了这种教育的责任。对这样的家长，应该通过多种途径进行宣传教育，不断强化其家庭教育的责任。孩子出了问题，要更多追究家长的责任。更要明确学校在防范各种校园暴力现象防治中的责任。对那些只关注升学率，却常常忽视学生思想和行为状况的学校，尤其是那些对校园霸凌现象捂着盖着的学校，应该追究相关领导和教师的相应责任。

3. 以法制遏制急功近利。急功近利的社会价值观是种种社会乱象的重要根源。要遏制急功近利，就需要党政机关发挥主导作用。党政机关是社会良知的守护者、社会事务的主持者、社会资源的掌控者，对于社会运行和发展都有着不可代替的作用。党政应摒弃急功近利的价值观，把人作为目的，把尊重每一位国民，尤其是包括留守儿童等在内的弱势群体的生存和发展的权利放在首要位置，如此，将对社会起到极大的示范作用，也将从整体上促进全社会逐步摆脱人人追逐疯抢眼前物质利益的非理性现状。只有党政机关带头摒弃急功近利的政绩观，静下心来，破解“应试教育”“留守儿童”等牵动千家万户的难题，谋划和推进未来各项事业的长远、协调发展，有效引导社会各阶层的思想和行为逐步踏入理性轨道，才能为青少年的健康成长，才能为从根本上破解一删了之和"一×了之"的野蛮，营造更加优化的社会环境。

很显然，用制度的笼子套住权力，优化党政机关的政绩观，使之远离急功近利的社会价值观，既是前提，也是根本。

（刊载于《中国青年研究》2016 年第 10 期，原题为《青少年极端行为的一种解读》）

参考文献：

[1] 王红星. 大学生极端行为案例分析[M]. 北京：人民卫生出版社，2010.

[2] 周以杰. 大学生自杀原因分析及对策研究[J]. 长春理工大学学报，2011(10).

[3] 林彦虎. 青少年学生弑师行为实证研究——以 58 起弑师案为例[J]. 中国青年社会科学，2016(3).

[4] 刘宏森. "家务"辨——兼论"80 后"中的"零家务"现象[J]. 青少年研究与实践，2009，27(3).

[5] 刘宏森. 思维与表达训练[M]. 上海：上海电子出版有限公司，2003.

[6] 段留芳. 湖南杀师案细节：三名少年作案后淡定上网[N]. 长江日报，2015-10-24.

[7] 庄庆鸿. 15 岁少年杀人事件的警示——来自北京市人民检察院第三分院的一则青少年犯罪案例分析[N]. 中国青年报，2015-04-3(6).

[8] 孙抱弘，瞿钧. 实然性"人的研究"与青少年研究的持续发展——人性、民族性与国民素质研究视野下的青少年研究前景刍议[J]. 青年学报，2016(3).

[9] [美] 鲁道夫·阿恩海姆. 艺术与视知觉：视觉艺术心理学[M]. 滕守尧，朱疆源，译. 北京：中国社会科学出版社，1984.

[10] [美] 道格拉斯·霍夫施塔特. GEB——一条永恒的金带[M]. 乐成秀，译. 四川：四川人民出版社，1984.

[11] 郭纪昌，潘琰佩. 青少年极端行为的原因与预防[J]. 社科纵横（新理论版），2010(3).

[12] 刘宏森. 留守之殇：功利祭台上的牺牲[J]. 青少年研究与实践，2015(4).

[13] 李盈盈. 校园暴力"解药"：法制教育与司法建设双管齐下[EB/OL]. 未来网，2016-06-20. http://m.k618.cn/yc_new/yc_wzlb/201606/t20160619_7782039.html?from=timeline&isappinstalled=0.

青少年生命教育警示

一、生命教育缺位，忽视生命安全

2014 年 12 月 31 日晚 23 时 35 分许，上海外滩陈毅广场发生拥挤踩踏事件，事故伤者多为学生。事故中，一些青年对警察的劝告和指挥置若罔闻，对生命脆弱的本质以及脆弱的生命亟须得到有效保护的真相缺乏基本的认识。这一事件的发生，深刻地揭示了当代青年中生命教育的缺失。

生命教育的目的在于促进受教育者体验自己的生命历程，强化生命意识，珍视生命价值。它既包括对生命的关注和保护，也包括对生存能力的培养、对生命价值的提升等其他丰富的内涵。

首先是强化生命意识。生命意识指的是每一个生命个体对自己生命以及所有生命现象的自觉认识，其中包括生存意识、安全意识和死亡意识等。其次是对生命价值的体认。生命价值并非先验存在的，而是人们的行为选择及其意义的一种体现。确切地说，生命价值乃是对人们的行为、生命历程和环境意义而进行体验、提炼、追认和主动追求的结果。最后是对所有生命的珍惜。在人类生活的空间里，动植物生命体形成了一种相互依存、唇齿相依的有机联系。这种有机联系构成了人类生存和发展不可或缺的基础。每一种生命体都有其存在的理由和权利，每一种生命体都有其存在的价值和意义，每一种生命体对于人类自身都有着直接和间接的意义。因此，珍惜所有的生命，既是对其他生命体的尊重，也是对人类自身生命的尊重。这是生命教育，也是生态文明建设的应有之义。从根本上说，生命教育要求对包括人类生命在内的生命本质和发展规律具有深刻的感受、体验和体认，具有深入的、哲学层面的思考和把握；要求真正以人为本，始终把尊重生命及其存在和发展的权利放在一切工作的首位。因此，生命教育不是一种纯粹的知识教育，而是一种既有形、又无形的教育，渗透于人类生活的各个角落和各项工作之中。简言之，生命教育是一项按照“人的尺度”塑造人类生命自身的艰难事业。三十多个年轻的生命倒在新年门槛之前，许多青少年鲜活的生命被戕害，所有这些，说到底，都是青少年生命教育严重缺位、成效堪忧结出的苦果。

二、学校教学乏力，生命教育低效

1968 年，美国学者杰・唐纳・华特士提出“生命教育”这一概念和理论。但在我国，直至 2004 年《中共中央国务院关于进一步加强和改进未成年人思想道德建设的若干意见》(中发〔2004〕8 号)颁布，中小学公共安全教育才被列入全国中小学教学计划，生命教育才在我国中小学逐步展开。2004 年制定、2005 年试行的《上海市中小学生命教育指导纲要》，使得上海市成为我国中小学全面开展生命教育最早的省市。此后，北京、天津、重庆等地相继在中小学教学计划中纳入了生命教育的内容。同时，宋庆龄基金会等机构主办了青少年生命教育论坛，北京等地建立了青少年生命教育基地，北京大学等高校发布了《中华青少年生命教育年度立项报告》[①]，进一步推动了生命教育的展开。《国家中长期教育改革和发展规划纲要(2010—2020 年)》中的

① 郭喜永:“中小学生命教育的基本现状与实施策略”，载《现代教育科学(中学教师)》2009 年第 1 期。

“第二章：战略目标和战略主题”部分提出：“重视安全教育、生命教育、国防教育、可持续发展教育”，将生命教育作为我国教育全面发展的战略主题纳入学校教育体系。2014 年 6 月 7 日，《中小学生命教育课程标准》在武汉华中师范大学论证通过。中小学生命教育以帮助学生认识生命、珍惜生命、尊重生命、热爱生命，促进学生的身心健康发展为主旨，涉及青春期教育、安全教育、情感态度等多方面内容，在一定意义上填补了长期存在的生命教育的空白。

然而，尽管国家和政府层面对青少年生命教育给予了越来越多的关注，但总体上看，其成效却并不明显，现状也不容乐观。河北省对省内 580 名 13—18 岁的青少年进行生命教育现状的调研发现，这一阶段（中学）的青少年存在着死亡认知水平不高、生命责任感不强、挫折感明显等问题。调查还发现，在生命教育方面，社会、学校、家庭都没有充分发挥各自的作用。农村的生命教育现状更是低于城市。[1]中学生如此，大学生的情况也不容乐观。武汉工业学院大学生生命教育问题研究课题组对包括武汉大学、华中科技大学、湖北大学、武汉工业学院等在内的部分高校的生命教育状况进行的问卷调查显示，大部分大学生已经有了比较正确的生命认识，但对生命现象的理解还存在一定偏差；大部分学生具有积极向上的生命态度，但也存在少数大学生生命态度消极、感受不到生活乐趣、不能正确面对人生压力、需要重新确立自己的生死观的情况；大部分大学生具有正确的生命价值观，但有极少数学生对生命价值观的理解存在偏差；大部分大学生确立了科学的生命信仰，且信仰不再单一，但少数学生信仰缺失；大部分大学生意识到生命教育的重要作用，并期望高校对他们加强生命教育。[2]在生命教育的内容方面，大学生需求明显，排在前四位的依次是：心理健康教育（870 人）、紧急救护教育（674 人）、安全意识教育（647 人）、生理卫生教育（495 人）。其余如选择用电安全教育、危机干预教育、消防安全教育、交通安全教育等的均在 250 人以下，甚至不足 100 人。[3]《中国青年报》社会调查中心通过腾讯网教育频道，对 7 080 名大学生进行的调查发现，45.7％的大学生认为目前高校普遍存在生命教育缺失的现象。[4]

（一）片面理解生命教育的丰富内涵

江西师范大学道德与人生研究所郑晓江等学者深入幼儿园、小学、中学、大学调研时发现，不少学校的领导和教师把生命教育窄化为“学生自然生命安全保护的教育”。这就使青少年生命教育的丰富内涵难以得到充分的展开，青少年难以强化生命意识，珍视生命价值，关爱所有生命。郑晓江认为，许多人知道很多生命保护的知识，但如果没有正确的生命观、价值观、人生观，他就不愿意运用这些知识来守护自己的生命，他甚至会运用这些知识来放弃生命。无数血的事实（包括郑晓江本人跳楼自杀）证明了这一点。

（二）生命教育的空间被压迫挤占

“我国目前的学校教育课程体系尚未单独建立，生命教育实施的保障机制和制度安排还不完善，薄弱的生命教育仅仅靠学科教学来渗透和支撑，收效甚微。”在应试教育的压迫下，学科化教学之下的青少年生命教育难有更多生存和发挥的空间。生命教育的内容虽然进入了教材和课程，却常常得不到时间和空间的应有保障。许多学校两周一课时的生命教育，经常被一些所谓的主课教学所挤占。

（三）生命教育教学资源匮乏

在生命教育的实践过程中，普遍缺乏固定、优秀的教材，普遍缺少科学、具体、贴近青少年实际的“接地气”的生命教育教学资源，教学内容干瘪呆板，随意性也较强。比如，未能根据人口大量涌入城市导致空间资源日益匮乏的实际，引导青少年加强自我保护；未能引导青少年增强法制、规则、秩序意识，学会用法律、制度保护自己等。这一方面与生命教育起步较晚、积累不够有关；另一方面则与优质师资的匮乏有关。生命教育是一项按照“人的尺度”塑造人类生命自身的艰难事业。这就要求教育者既对包括人类生命在内的生命本质和发展规律具有深刻的感受和体认，具有深入的、哲学层面的思考和把握，也具有融会理论和实践，使之转化为契合青少年生存发展实际状况的教育内容的能力。毫无疑问，这样的生命教育者在现实生活中是极度匮乏的。

（四）忽视青少年自身的体验和思考

张华的调研显示，关于生命教育的实施形式和途径，大学生最青睐的形式不是课程、讲座、宣传媒介等，而是日常活动。大学生们认为把生命教育贯穿在日常活动中去实施会更有接受性。[5]然而，现实生活中，一些教育者往往限于照本宣科、灌输教条，教育教学的形式和手段单一、匮乏。教育者往往“以浓厚的社会本位论为导向，在教学中采用目中无人的工具价值取向，这个教育过程中充斥着对学生生命意义的淡漠。这样的教育环境熏陶出来的学生不仅体验不到生命应有的多样性和丰富性，感受不到生命的意义，而且还导致他们对他人和世界上其他生命的践踏，容易漠视和曲解自己和他人生命存在的意义和价值”[6]。

（五）生命教育研究不够广泛深入

我国直到1996年才出现第一篇关于大学生生命教育的文章。有学者对2013年10月1日前中国期刊网收录的545篇相关学术论文做文献计量学分析后发现：1996年后，大学生生命教育研究成果的数量呈逐年增长的趋势。国内生命教育研究涉及心理学、社会学、教育学等多个学科。这些研究成果中数量最多的是有关生命教育概念的内涵及内容的研究；其次是生命教育对策及路径的研究。而对策及路径研究，也往往更多停留在理论层面，结合现实问题进行生命教育的实证研究则相当缺乏。[7]实践是理论的源泉，理论是实践的先导。生命教育研究不够广泛深入，在很大程度上制约了生命教育实践的进展和成效的提升。

青少年生命教育起步晚，在实施和推进中存在着不少问题。所有这些，都极大地弱化了学校生命教育的成效。成效不彰的生命教育自然难以有效阻止诸如上海外滩新年踩踏之类惨祸的发生。

三、社会文明缺失，消解教育成效

把部分青少年生命教育中出现的问题，乃至青少年群体中种种生命惨剧的发生全都归咎于学校教育，显然有失偏颇。青少年在校时间毕竟有限，他们所受到的教育和影响中，有更大一部分来自校外，来自家庭和社会。因此，学校生命教育只是青少年生命教育的一部分。调研显示：在具体影响生命观的因素中，大学生认为学校教育的影响是最少的，占 6%；而社会文化、家庭影响、个人性格分别占 32%、30%和 27%，均起着至关重要的作用；其他因素相对较少，占 5%。[8]这就昭示我们，对踩踏事件和种种青少年殒命的惨祸，学校生命教育固然要承担一部分责任，而社会、家庭则应该承担更多的责任。

现实生活中，生命常常并未被视为无法再得的至为宝贵的第一财富。社会、家庭在具体的理念和实践等方面存在的种种问题，严重消解着生命教育的有限成效。

（一）教条化理解“螺丝钉”精神，忽视对个体生命的尊重和重视

长期以来，社会宣传教育常常要求人们做一颗“永不生锈的螺丝钉”，被拧在哪里，就在哪里发光发热。把人视为“螺丝钉”，这自然是个比喻，它强调在一个组织内部或一项工作之中，个体都应该按照组织的使命和任务安排，在自己的位置上发挥相应的作用。这一点本无大错，但是，在实际生活中，经过多年的宣传和教育，“螺丝钉”却从一种比喻上升为一种理性教条，被视为个体生命价值之所在。这就从根本上忽视了人首先是一个生命体，有着生存和发展的权利，有着得到保护的需要，有着创造价值的自由和可能。在这种“螺丝钉”式的教条之下，个体的主体意识和能动性难免受到压抑，人的生命也难以得到更多尊重和重视。

于是，在现实生活中，劳动者的生命权利和尊严常常难以得到起码的尊重，生命的安全常常难以得到应有的保护。许多英雄的事迹都潜移默化地暗示着人们，集体的利益和要求比个体的生命更加重要。改革开放以来，这种“螺丝钉”式的提法虽然已经不再盛行，但伴随着这种宣传成长起来的几代人却仍在对年轻一代及其生命观念发挥着潜在的影响。

(二) 教育目标中淡化生命教育理念

多年来,中国的教育一直强调其目标是要培养劳动者和接班人。但这一教育目标却未能明确指出:劳动者和接班人首先应该是健康的生机勃勃的生命个体,具有强烈的生命意识,并能不断地追求更高的生命价值。这就容易造成实践领域对教育目标的误读和忽视。

现实生活中,社会更关注的乃是青少年手中的学历和证书,而对青少年的人生发展、生命安全、人生幸福等都缺乏足够和必要的重视。家庭更加关注的是孩子各科的学习成绩和理想中的文凭和证书。在很多家长的心目中,孩子在自己的呵护下平平安安日长夜大,只要读了名校,拿了文凭,得了好工作,成了家立了业,自己和孩子就功德圆满了。他们的这种观念淡化了生命的存在、意义和生命的安全教育。现实生活中,鲜有家长和孩子能够平等、深入地探讨生命意识、生命价值、生命关怀等务虚的话题,以及如何与他人保持适当距离,如何预判和规避可能的风险等务实的内容。在家庭"望子成龙""望女成凤"的巨大压力下,青少年们长期处于紧张、焦虑之中,对自我、他人和社会缺乏应有的关注和认知,缺乏应有的思考和探析。

很显然,与起步不久、还很稚嫩的学校生命教育往往流于教条和枯燥相比,来自家庭和社会的"生命教育"却常常更加具体生动,切肤贴肉,润物无声。如此,来自家庭和社会的"生命教育",往往能够轻易超越学校生命教育还很有限的影响和成效。于是,生命教育被写进了文件,也走进了课堂,却尚未真正走进青少年的心中,更未能转化为青少年珍爱自身和他人生命的实际行为。于是,每到斗气龃龉之时,每到人群集聚、拥挤不堪之日,每到眼前利益和生命安全抵牾之际,种种轻抛生命的惨剧往往就会在青少年身上继续上演,种种只图眼前利益而罔顾公共规则、罔顾生命安全的行为就会在青少年群体中继续发生。

(三) 急功近利的社会氛围消解着个体生命的价值

当今中国社会中,以生命为代价换取眼前利益的急功近利现象比比皆是,极大地消解了青少年生命存在的价值。过马路不遵守交通规则的人群中，生命的安全和价值被匆匆步履和滚滚车轮碾得粉碎；烟尘飞扬、劳动防护不到位的车间里，工人以血肉之躯应对硅肺等职业病的威胁，挣取活命的衣食资源；锦绣如画的田野上，大烟囱喷吐毒气遮蔽蓝天白云，排污管排泄污水污染沃壤清溪；毒大米、地沟油、黑心棉、有害添加剂屡禁不绝，在不法奸商数钱的快意中，他人生命的价值荡然无存。在急功近利的社会氛围中，青少年的生存空间已被压缩到最小。既然个体的生命常常得不到他人应有的尊重和保护，那么，忽视自我与他者生命的种种行为，必然成为合乎逻辑的结果。

（四）“暴力文化”诱导青少年轻视生命价值

中国青少年犯罪研究会的一份统计表明，造成青少年暴力行为甚至犯罪的主要原因之一，就是当前社会上比较常见的以武打、凶杀等为主要内容的暴力文化。暴力文化“是一种坚持有助于暴力行为发生的亚文化”[9]，主要通过影视、网游等多种虚拟的形式呈现。一些青少年在虚拟世界中操弄最先进的杀人武器随心所欲地杀戮、破坏。这就很容易产生武力崇拜和暴力崇拜，进而形成认知偏差、意志薄弱和情感冷漠等问题。在他们兴致盎然地杀戮和破坏的过程中，生命只是验证其武器性能的试验品，生命的价值被最小化乃至归零。久而久之，他们中的一些人甚至会把在虚拟世界中随心所欲的杀戮和破坏“自然地”引入现实世界之中，从而引发种种人间惨祸。毋庸讳言，在外滩踩踏现场，个别青少年的起哄推搡之间，无疑晃动着“暴力文化”的邪恶身影。

（五）快速“城镇化”使青少年难以有效规避潜在的生命危险

近年来快速推进的“城镇化”事实上携带着两个方面的问题：一是迅速缩小城乡差别；二是加快城市的现代化进程（即迅速缩小与现代国际大都市的差别）。这就意味着处在快速“城镇化”进程中的人们，既要迅速适应城市公民行为的基本规则和要求，又要迅速适应现代城市的形态和运行模式；既要身体进入城市，更要精神融入城市。只有这样，人们才能在日益拥挤的城市中规避各种风险，安全、和谐地工作和生活。

青少年无疑是“城镇化”进程中的活跃人群，承担着“城镇化”与“现代化”的双重使命。然而，一方面，由于青少年把主要关注点都放在学习、教育、就业、成家等方面，而常常忽视对城市及其规则、文化的认知、把握和适应；另一方面，由于“城镇化”进程中同样存在着急功近利的社会氛围，同样存在着对生命安全和生命价值的忽视，因此，许多青少年身体进入了城市，精神却仍未融入城市。面对城市的车水马龙、鱼龙混杂，他们往往目迷五色，却忽视了忙于扩张、重于建设、疏于管理的城市中潜在的生命安全隐患，致使生命惨剧时有发生。他们中甚至有少部分人由于现实境遇欠佳、生命教育不够，有意无意地违背城市公民言行的基本规则和要求，胡作非为，在自身生命面临危险的同时，也对他人的生命安全构成了威胁。

综上所述，学校要大力推进生命教育，不断提升其教育教学的水平和实效，更要努力改善因急功近利而常常忽视生命之珍贵的社会环境。要优化社会环境，既需要家庭和社会各界痛定思痛，更需要政府有更大的作为。

2015 年 1 月 21 日，上海市公布了对外滩踩踏事件的处理意见：上海外滩拥挤踩踏事件是一起对群众性活动预防准备不足、现场管理不力、应对处置不当而引发的拥挤踩踏并造成重大伤亡和严重后果的公共安全责任事件。笔者认为，在推进经济社会发展的过程中，应把敬畏生命的尊严、尊重生命的权利放在首要位置；在加强社会管理和治理的过程中，把保障人的生命安全放在首要位置，教育青年增强文明意识、安全意识和生命意识；在完善法律法规的过程中，把维护和保障生命安全不受侵犯放在首位。唯有如此，才能更加有效地改善和优化社会环境，为青少年生命教育的健康发展留出必要的空间，才能使他们在优化的社会环境中得到有效的教育和保护，才能使鲜活的生命之花不再早夭。

（刊载于《中国青年社会科学》2015 年第 1 期）

参考文献：

[1] 郭少卿，陈军，张喜顺. 河北省 13—18 岁青少年生命教育现状调查与分析[J]. 基

础教育研究,2013(15).
[2] 张加明.高校生命教育现状及有效途径研究[J].高教探索,2011(5).
[3][5][8] 张华.大学生生命教育现状调查及对策分析——以上海某高校为例[J].青年学报,2014(1).
[4] 朱宇航.高校思想政治教育视域下大学生生命教育的缺失与对策[J].广东外语外贸大学学报,2013,24(2).
[6] 孙玉静,张世爱.中小学生命教育缺失的原因分析及路径探究[J].才智,2014(6).
[7] 徐京卫,虞亚君.我国大学生生命教育研究文献计量学分析[J].青年学报,2014(1).
[9] 李琦.暴力文化对青少年心理的不良影响[N].中国艺术报,2006-02-17(3).

在参与中成长

——改革开放以来中国青年社会参与基本状况

现实生活中,“参与”和“社会参与”这两个概念常常被交叉使用。对“社会参与”这一概念,目前学术界尚无清晰完整的界定。本文主要从以下几方面对“社会参与”这一概念进行把握:其一,参与的主体主要是作为“从者”的个体和非正式群体;其二,参与的内容主要是社会层面的事件和活动;其三,参与的形式主要是非正式、非制度化的社会互动;其四,在参与过程中,参与者按照发起者和主导者的要求,扮演相关角色,介入某项工作和活动的计划、讨论、处理过程之中,为某项工作和活动的进展做出各自的贡献;其五,参与者通过社会参与,在社会层面上体现自身价值,享受自己的权利,并共享社会资源。由此,在本文语境中,“青年社会参与”主要是指青年通过以非正式途径为主的种种方式,介入社会活动和社会发展的活动之中,发挥不可或缺,甚至是主体性作用的一种行动;通过这些介入的行动,赋予相关社会活动和社会发展的工作以目标和意义。青年社会参与主要包括青年政治参与、青年经济参与、青年文化参与、青年社会参与等多个方面。青年社会参与是青年自身成长的需要和权利，是破解当今社会问题的重要途径，是社会可持续发展的必然要求。

从中华人民共和国成立到改革开放前的二十多年中，占据了总人口大多数的中国青年[1]在理想中，在党团组织的动员和领导下，积极参与各项重大运动。政治参与是青年社会参与的主要内容。文化参与、经济参与、社会活动参与相对较少，也常常被当成一种“政治任务”去完成。青年社会参与的主要渠道是争取加入党团组织，有组织地参加党团组织开展的各项政治、文化、经济、社会活动。其参与的途径和渠道比较单一。1978 年改革开放以后，中国青年的社会参与呈现出了新的特点，值得梳理和总结。

一、改革开放以来青年社会参与的基本状况(1978—2016)

(一) 改革开放初期青年社会参与的基本情况(1978—1991)

从 1978 年到 1991 年的十多年中，中国社会的基本特征之一是改革开放呼唤出的新理念和新价值与传统理念和传统价值之间拉锯式的来回争论。青年的社会参与正是在这一基本背景下进一步展开的。中国青年努力卸下历史包袱，热烈拥护改革开放。“改革开放我争先”，这是改革开放初期中国青年社会参与的基本特征。

1982 年第三次全国人口普查结果表明，0—14 岁的人口为 34 146 万人，占总人口的 33.59%；15—64 岁的人口为 62 517 万人，占总人口的 61.50%。1990 年第四次全国人口普查结果显示，0—14 岁人口为 31 659 万人，占总人口的 27.69%；15—64 岁的人口为 76 306 万人，占总人口的 66.74%。2000 年第五次全国人口普查结果表明，0—14 岁的人口为 29 012 万人，占总人口的 22.89%；15—64 岁的人口为 88 910 万人，占总人口的 70.15%。根据 2010 年第六次全国人口普查结果，0—14 岁的人口占总人口的 16.60%；15—64 岁的人口占总人口的 74.53%。[2]总体上看，虽然进入 21 世纪后，60 岁及以上年龄段的人口比例逐步上升，分别是 1982 年的 4.91%、1990 年的 5.57%、2000 年的 6.96%、2010 年的 8.87%，但青年人还是占据了总人口的大多数。沐浴着改革开放的春风，广大青年青春勃发，激情洋溢，积极进行社会参与。

1. 入党入团成为政治参与的主要渠道，青年群体积极加入党团组织。1978 年 10 月，团十大后，各地团组织逐步全面恢复。在现行政治体制之下，入党入团是青年政治参与的主要渠道[3]。团组织的全面恢复，为中国青年政治参与搭建了最为重要的平台。青年对加入党团组织、进行体制内的政治参与保持了旺盛的热情。大批优秀青年申请加入党团组织，使党团员人数占总人口的比例刷新了历史纪录。以上海为例，1977 年，上海市团员人数为 84.06 万人，当年新发展团员 5.33 万人；1978 年，团员总数达 88.31 万人，当年新发展团员 8.92 万人；1979 年，这一数量则跃升至 94.31 万人，当年新发展团员 12.02 万人。至 1989 年，上海年均新发展共青团员都在 5 万人以上，新团员占团员总数这一比例均在 6.5%以上。[4]

青年群体积极参与思想讨论，达成对改革开放的高度认同和共识。1978 年，中国青年积极参加“真理标准”问题大讨论，绝大多数青年真切认同“实践是检验真理的唯一标准”。1980 年，14 万青年参与由潘晓“人生的路啊，为什么越走越窄……”引发的人生观大讨论；参与电影《沙鸥》的讨论，达成祖国利益高于一切的共识。上海青年参与“麦克唐纳＝雷锋吗?”“上海最高的饭店——国际饭店上悬挂外国广告是否有辱国格”“到外企打工是不是为资本主义服务”“长江漂流体现了时代性格吗?”等问题的讨论。在讨论中，青年充分体现了努力突破禁锢、解放思想、摆脱僵化思维模式的强烈意识和渴望变革、渴望成才的强烈意愿。[5]

青年群体高度认同改革开放和现代化建设。在国庆三十五周年的游行队伍中，大学生打出“小平您好!”的横幅，表达了青年对党的改革开放方针政策和现代化建设事业的高度认同。青年为中国女排夺冠欢呼，学习科学文化知识，参与岗位竞赛，以实际行动投身改革开放和社会主义现代化建设事业。

2. 青年文化成为青年群体特质的显性符号。改革开放以来，随着文化禁区逐步被打破，青年文化参与的热情得到了极大的释放和激励。青年如饥似渴地阅读种类丰富的图书，参与各种文化活动。20 世纪 70 年代末，伴随着高考制度的恢复，青年中兴起了“振兴中华”的读书热。青年参加各类文化补习班，高度关注“伤痕文学”“反思文学”“寻根文学”等文学现象和西方经典名著的翻译出版，形成了对文学、美学和西方社会科学名著等的阅读与辩论热潮。

青年们从欣赏和模仿韩日、欧美等地的音乐、舞蹈、影视、体育等流行文化开始，逐步创造了体现中国青年特征的流行文化，出现了许多受到青年喜爱乃至追捧的作品和各类“明星”。

广大青年更喜欢走上舞台，主动参与各类文化活动。1986 年 6 月诞生于深圳的“大家乐大舞台”以“自愿、自荐、自费、自演、自娱、同乐”为基本宗旨，为青年主动平等地进行文化参与提供了平台，成为青年自发创造的一种主动参与文化活动的优良载体和典型代表。1986 年，3 000 多名上海青年报名参加“上海市即兴表演大奖赛”，2 500 名青年参加“明日荧屏争夺赛”。许多青年还积极参加“上海青年吉他大奖赛”“通俗歌曲创作、演唱比赛”“我爱祖国山河美——旅游娱乐竞赛”“上海杯伉俪、情侣、姑嫂、婆媳娱乐大奖赛”等。[6]1980—1983 年，上海青年宫组织“谁的歌声最美——大家唱”活动。活动共举办 1 500 多场，3 600 多名青年登台演唱，听众 9 万多人。[7]“大家乐”一类的文化活动在全国范围内开展，为青年在文化参与中享受文化、创造文化搭建了巨大的平台。

青年积极参与体育活动。中国女排“五连冠”在青年中引发排球热。随着中国足球国际交流的深化，青年中也形成了足球热。上海“新民晚报杯”中学生足球赛每年暑假在上海市举行，被青少年称为“我们的世界杯”；1986 年举行的首届比赛，更是有多达 350 支球队参赛。1984 年，上海市还创办了“我们的 NBA”中学生篮球比赛。[8]

青年积极参与休闲活动，促进了休闲文化的丰富与多样化。青年参与交谊舞、摄影、插画、旅游、书画、花卉、服装、桥牌、垂钓、无线电、集邮、篆刻等兴趣小组的活动，放松身心，结交朋友，增长知识，提升能力。[9]

青年服饰改变了过去单调压抑的状况，牛仔裤、夹克衫、直筒裤、休闲装、T恤衫、风衣等各领风骚。青年服饰异彩纷呈，装点了青年的生活，也潜移默化地改变了社会服饰的审美趣味。

3. 青年参与经济建设功不可没。改革开放以来，当代青年怀揣致富和成才理想，参与和投身经济建设，为中国经济的飞速发展提供了十分重要的活力之源。

1978年5月，上海共青团率先开展“争当新长征突击手”活动。次年3月，团中央做出《关于在全国青年中开展争当新长征突击手活动的决定》，青年踊跃参与。当年9月，团中央举行全国新长征突击手（队）命名表彰大会，10个新长征突击队红旗单位、155个新长征突击手（队）标兵、10 000名新长征突击手（队）受到团中央表彰。20世纪80年代中期，上海青年参加“假如我是一个厂长、经理的话”活动，积极为振兴企业献计献策。上海纺织系统还在青年中开展“争当厂长助手，争做现代纺织新秀”等夺标竞赛活动。[10]由各级共青团组织开展的争创活动，推动和激励了青年积极参与经济建设，在经济建设中建功立业。

数以千万计的青年农民源源不断地流入产业工人队伍，为中国制造业持续稳定的发展和“中国制造”品牌的形成立下了汗马功劳。有研究显示，“人口迁移流动对我国城镇人口增长的贡献率达到65.36%，是我国城镇化发展最主要的驱动力”[11]。国家统计局的数据显示，工业企业中，生产一线的“农民工”已经超过工人队伍的半数。青年成为第三产业新增就业人口中的绝大多数，有力促进了第三产业的迅猛发展，提升了中国服务业的水平，推动了中国社会城市化的历史进程。青年积极创业成为改革开放以来经济参与的新形式，在有效缓解社会就业压力的同时，也为经济的持续发展不断开辟了新的增长点。1978年，全国个体从业者总共15万人。到1985年，个体从业者总数增加到450万人[12]，而新增部分主要是待业青年。到1989年末，城镇个体劳动者达650万人[13]。其中，青年占有较大的比重。

4. 青年参与社会活动引领新风尚。改革开放焕发了中国青年社会活动参与的巨大热情。青年积极学习张海迪等先进个人和英雄集体，争当新长征突击手，参与“五小”发明竞赛活动、“采种支甘”活动、“万里铁路万里林”活动、六省区青年黄河两岸绿化等活动，以参与的实际行动，充分表达对改革开放的认同和用自己的力量振兴中华的信念。

针对全国有2亿文盲、1亿贫困人口、3 700万失学儿童的严峻现实，1989年，团中央发起了希望工程，动员社会各界力量救助贫困地区失学少年。全国共青团组织以极大的热情迅速建立健全了覆盖全国的希望工程工作网络。广大青年踊跃响应，使希望工程很快成为民众知晓率最高、参与度最广泛的社会公益项目，并在新世纪持续不断地得到更广泛和更深入的发展。

1980年3月，上海自行车三厂诞生了全国首支青年服务队——凤凰青年服务队。[14]此后，青年服务队在全国城乡遍地开花，成为青年社会活动参与的一种重要的新形式。

（二）20世纪90年代以来青年参与的基本情况（1992—2016）

经历了20世纪80年代的改革开放和诸多社会事件的洗礼，进入20世纪90年代之后，特别是邓小平“南方讲话”以后，中国青年开始更加理性、冷静、务实、主动、多元地进行社会参与。“社会参与我权利”，这是20世纪90年代以来，尤其是进入21世纪以来，中国青年社会参与的一种基本特质。

改革开放以来，青年的文化素质进一步提升。2010年，中国15岁以上人口的人均受教育年限（15岁及以上人口平均在学校接受教育的年数）已达9.05年，比2000年的7.85年提高了1.20年。这表明青年平均受教育水平已经完成了从初中程度迈入高中程度的转变，青年的文化素质有了相当大的提升。20世纪90年代以来，特别是高校扩招以来，越来越多的青年接受了高等教育。教育部提供的数据显示，从1978年到2008年，改革开放三十年间，全国有1.28亿人报名参加高考，5 386万人被录取。2008年高校的录取人数是1978年录取人数的15倍，录取率提高了50个百分点。2009年录取了 639.5 万人,2010 年录取了 661.8 万人[15]。青年整体文化素质大幅度提升,为他们的理性思考、主体意识、权利意识和更加广泛深入的社会参与创造了良好的主体条件。

1. 青年政治参与呈现出激情内敛,更加务实、理性、有序的特征。从内容上看,青年既高度关注政策制度、民主建设、个人自由,反对腐败,又更加关注民生与社会发展。从形式上看,青年已经抛弃了大鸣大放、"大字报"、"示威静坐"等旧的政治参与形式,更加注重通过自组织活动、互联网等多种途径依法有序地表达自己的意愿和诉求,实施对政府的监督和批评,向全世界表达中国青年对国际事务的态度。特别是在中国驻南斯拉夫大使馆无端被炸、日本军国主义沉渣泛起、奥运圣火传递受到非法阻挠、中国周边海域发生主权争端之时,中国青年积极参与政治,体现了高昂的爱国热情、成熟的政治心态、理性有序的参与能力。

青年参政议政的意识不断增强。无论是村民自治组织换届选举、关系民生问题的听政,还是参选地方的人大代表、党团代表,青年均表现出较高的参与热情。中国青少年研究中心 2007 年的调查显示,51.9%的青年参加过最近一次的基层直接选举,68.5%的青年认为"选举是自己的一种政治权利"[16]。青年注重通过进入现行管理体制参与政治。1993 年 10 月,公务员考录制度正式出台后,青年中的"公考热"持续升温。截至 2013 年 10 月 21 日上午 9:30,2014 年国家公务员考试共 11 110 个职位已有考生报名(占总职位数的 95%),报名人数达到 433 496 人。[17]国家公务员局培训与监督司的数据显示,至 2013 年底,全国公务员有 708.9 万人。其中,将近一半是 40 岁以下的青年人,35 岁以下的青年占总数的 25.87%。2017 年 4 月 22 日,全国 24 个省(自治区、直辖市)拟招录的公务员人数为 126 827 人,报名总人数接近 400 万人[18]。持续升温的"公考热",在一定意义上体现了青年希望通过这种制度化的途径,更加深入持久地进行政治参与的意愿。除了报考公务员,大学毕业生们还踊跃报名当"村官"。"一村一名大学生村官"计划于 2008 年启动,到 2011 年底,全国在岗大学生村官数量超过 21 万人;到

2015 年底，中国的大学生村官数量达到 40 万人，覆盖三分之二的行政村，到 2020 年将有可能达到 60 万人，将最终实现“一村一名大学生村官”的目标。[19]2006 年，北京市面向应届大学毕业生招聘村支书和村主任助理 2 000 名。报名的大学生超过万人。录取比例大致为 6∶1。[20]这表明许多青年已经形成了一种新的政治参与理念：深入基层，从参与管理中国基层社会入手，了解基层、了解社情民意、了解国情，培养和提升自己参与治理国家的能力。这较为充分地体现了当代青年政治参与更加自觉、理性、务实的特征。

近年来，中国青年政治参与呈现出新的特点。2016 年 1 月 20 日，“帝吧”出征 FB 打击“台独”成为社会普遍关注的网络热点事件，青年网友成为其间的主力。党的十八大以来，“小粉红”(网络爱国青年)、“小青马”(青年马克思主义者)群体蓬勃兴起。他们“肤白貌美三观正，爱国也要‘萌萌哒’”，以年轻人特有的方式，成为线上线下、网内网外弘扬正能量的生力军[21]。

2. 青年文化参与撑起中国文化市场的大半壁江山。这是 20 世纪 90 年代以来青年文化参与体现出的鲜明特点。青年成为最大的文化消费群体，撑起了文化市场的大半壁江山。

青年出国留学热情持续高涨。1978 年，出国留学生只有 860 人，学成回国 248 人；2008 年，出国留学人数达 179 800 人，学成回国 69 300 人；2010 年，出国留学人数达 284 700 人，学成回国 134 800 人。[22]据教育部统计，相比 2013 年，2014 年度我国出国留学人数增加了 4.59 万人，增长了 11.09%；留学回国人数增加了 1.13 万人，增长了 3.20%[23]。2016 年，中国出国留学人数为 54.45 万人，同年回国留学生人数为 43.25 万人。[24]青年出国留学，归国报效，不仅促进了中外文化交流，也为大大加快中国走向世界的步伐做出了贡献。

青年对各种流行文化保持了旺盛的兴趣和热情，积极参与包括流行音乐、舞蹈、综艺活动、服饰、休闲、体育、流行语言等在内的种种流行文化活动。20 世纪 90 年代以来，青年追星狂热一波未平，一波又起。“粉丝”成为青年群体中的一大现象，并成为青年群体分化的一大因素和标志。青年中还表现出了强烈的“造星”冲动。各类选秀活动、各类游戏的主要参与者几乎都是青年，体现了青年不满足于只当观众和听众，也希望踏上舞台展示自我的强烈愿望。

青年参与社会管理机构、文化机构、商业机构举办的各类文化活动；组成趣缘性自组织，参与和举办多种文化活动；通过网络接收并发布信息，发表对社会现象和问题的意见。随着自我意识的逐步觉醒，青年在文化参与的过程中通过种种“另类”形式充分张扬个性。

青年的文化参与集中体现了青年群体分化的现实和趋势。文化参与不仅限于学生和城市青年，也包括大量所谓的“草根”青年。西单女孩、旭日阳光组合等被视为青年“草根文化”的代表，引起了“草根”青年的关注，也影响到其他阶层的青年。

青年由被动吸收国内外多种文化元素，到主动创造体现出群体特征的文化创新元素，逐渐成为最积极的文化创造群体。青春文学的创作，DIY 的勃兴，“选秀”的风行，“粉丝”的喧嚣，“游戏”的痴迷，趣味的多元等，都彰显了青年文化参与所体现出的鲜明创造性。

与此同时，青年还以其对种种基于数字等新技术的新事物、新时尚似乎天生的熟稔，以种种文化创新元素，引领社会大众文化潮流的发展。“文化反哺”现象成为青年文化参与的重要途径和重要特点，也成为青年文化逐步具有更加广泛的社会影响力的重要体现。

3. 青年经济参与的渠道更加多样，领域不断拓宽。进入 20 世纪 90 年代之后，特别是“南方讲话”发表以后，中国改革开放进入了一个新的时期，经济建设进入了快车道。这为青年的经济参与创造了良好的社会条件。

青年农民工进城务工，直接影响了中国经济的发展。《中国农民工调研报告》指出，2005 年前后，我国进城农民工大约 1.2 亿人，加上乡镇企业 1.43 亿就业者，农民工总数大约 2.6 亿人。其中，16—30 岁的占 61％，31—40 岁的占 23％，41 岁以上的占 16％，平均年龄为 28.6 岁。青年占据了农民工中的大多数。许多外商独资、合资、民营、私营企业，在生产一线工作的人员几乎是清一色的青年农民工。2012 年，从事商业、服务业的人员中，16—44 岁的青年占 76.8%；从事生产运输设备操作的人员及有关人员中，16—44 岁的青年占 76.2%。[25]包括青年农民工在内的青年的“去”与“留”，直接关系到企业的存亡。值得注意的是，近年来，青年农民工数量在下降。国家统计局 2012 年的调查资料显示，40 岁以下农民工所占比重逐年下降，由 2008 年的 70%下降到 2012 年的 59.3%，农民工平均年龄也由 34 岁上升到 37.3 岁。之所以如此，是因为青年农民工受教育程度比其父辈高，接受非农职业技能培训的比例更高，其经济参与的内容和途径等都发生了变化。

青年参与对于第三产业的发展功不可没。1994 年，全国第三产业从业人员（15 515 万人，23.0%）首次超过第二产业（15 312 万人，22.7%）。至 2008 年，全国第三产业从业人员达 25 717 万人，占比 33.2%。[26]青年成为第三产业从业人员中的主力军。

青年创业有力地促进了经济发展，也为社会分担了巨大的就业压力。国家工商总局的数据显示，至 2010 年 9 月底，“十一五”期间，全国个体工商户户数年均增长 6.68%，私营企业户数年均增长 11.66%。个体私营经济不仅成为推动经济增长的重要力量，还成为安置下岗失业人员和高校毕业生就业的主要渠道。至 2000 年底，上海市私营企业达 13.82 万户。在这些私营企业中，60%以上的经营者是 45 周岁以下的青年。[27]统计数据显示，目前，全国个体私营企业从业人员已超过 1.6 亿人。《大学生创业调研报告》2011 年 3 月发布的数据显示，接近半数的受访者（49.1%）打算“自己创业”或“和朋友共同创业”①。《2017 中国高校学生创新创业调查报告》显示：对创新创业有兴趣的高校学生占比 24.56%，对创新创业比较有兴趣的占比 40.58%，两者合计达到 65.14%；97.93%的学生表示有必要开展创新创业

① 大学生创业调研，2011 年 1 月 7 日至 2 月 14 日，由中国青少年网络协会（研究策划和实施）、腾讯网（网络调查平台）、中国传媒大学调查统计研究所（数据分析及报告撰写）等机构共同展开，调研对象为 4 551 个有效样本。

教育，其中邀请创新创业领域专家讲授创业课程的形式最受高校学生欢迎，比例高达 42.33%。

青年在高新技术产业大显身手，有力地推动了技术进步、转型升级和经济内涵式发展的进程。“可以说，青年支撑着高科技民营企业的大半边天。”[28]2004 年进行的“中国高新技术企业：影响中国互联网的 100 人”评选显示，100 人中的绝大多数是青年。富有激情和活力的青年成为推动中国互联网的先锋者[29]。

青年积极参与金融活动。20 世纪 90 年代以来，青年股民成为金融市场的重要生力军。腾讯网络 2011 年股民调查数据显示，股民中年龄在 25—44 岁的青年占绝大多数，占比达到 76.1%。青年参与为中国金融市场乃至国民经济的发展做出了贡献，也使自己得到了投资理财、熟悉市场经济规则等方面的锻炼。近三成的受访者参与了“储蓄”，10%以上的受访者参与了“保险”和“股票”[30]。

青年对食品、住房、休闲娱乐、日用品、形象维护、人际交往、通信及上网、学习、交通、旅游观光、体育健身等主要消费领域的需求十分旺盛，有力地拉动了社会需求，促进了社会生产的发展。不过，这无形中也助长了对资源和能源的超量消耗，一定程度上造成了生态问题。同时，青少年中也存在着一些超前消费、攀比消费，甚至过度消费等现象，值得人们的广泛关注。

4. 青年社会参与为构建和谐社会做出了重要贡献。进入 20 世纪 90 年代以来，中国青年通过希望工程、志愿者行动、青年文明号创建等途径，全方位参与社会活动，发挥了开社会风气之先的作用。

希望工程持续开展。2000 年，中国青少年研究中心会同 10 省市青少年研究机构进行的青年思想道德状况调查显示，70%的青年为希望工程捐过款。截至 2012 年，全国希望工程累计募集钱款 87.3 亿元人民币，其中，中国青少年基金会筹集善款 31 亿元人民币，资助农村地区家庭经济困难学生（包括小学生、中学生、大学生）逾 450 万名，建设希望小学 18 002 所。在捐资帮助贫困地区少年儿童的同时，大批青年积极支教，使贫困地区少年儿童受惠。

青年积极参与志愿者行动。至2007年底，有2.68亿人次青年加入志愿者行列，为社会提供了超过61亿小时的志愿服务，注册志愿者2 511万人。“一对一结对服务计划”“扶贫接力计划”等一大批青年志愿行动重点服务项目，已经成为家喻户晓的活动品牌。“奉献、友爱、互助、进步”的志愿者精神在青年中被大力普及，对于公民意识的觉醒，实现真正意义上的公民参与，都产生了不可估量的积极影响。在汶川抗震救灾和灾后重建中，在奥运会、残奥会、上海世博会、广州亚运会等一些重大活动中，青年志愿者表现突出，既有力地推进了重大项目，又在全社会传播了志愿精神。

1994年，“青年文明号”创建活动全面推开。这项活动不仅提升了当代青年的职业道德水平，也为建设和谐社会发挥了不可替代的作用。至2008年，团中央表彰的全国“青年文明号”已有10 214个。近年来，“青年文明号”活动正着力向青年集聚的新领域拓展，以更好地适应青年就业和职业发展的新特点和新趋势。截至2016年，“青年文明号”活动已在40多个行业领域中广泛开展，30多万个青年集体参与其中，累计涌现了16 510个全国“青年文明号”集体。在通过各种正式途径积极进行社会参与的同时，青年还自发地组成了多种自组织，通过网络等平台，积极参与各类社会活动。值得指出的是，改革开放以来，特别是进入21世纪以来，随着中国经济的高速发展，公益事业成为近年来最受公众关注的领域之一。青年通过捐款捐物和“微博打拐”“灯塔计划”“麦田计划”“多背一公斤”等多种形式，积极地参加各类公益事业，拓展了社会参与的途径与渠道，为构建和谐社会做出了独特而重要的贡献。[31][32]

二、改革开放以来青年社会参与的主要特征

改革开放以前，中国青年无条件拥护和支持党的各项方针政策，在党团的动员和组织下，积极参加了历次政治活动，在经济建设、文化建设和社会活动中都发挥了十分重要的作用。没有青年参与，中华人民共和国成立以来的历次活动都必将因为缺乏参与者和生力军而难以顺利地进行。毋庸讳

言，无条件支持和拥护，有时难免会滑向非理性。此中的教训值得深刻反思和牢记。

改革开放近四十年来，尤其是进入 21 世纪之后，随着青年整体文化素质的提高，以及自由、理性、科学、民主、法制、包容等价值观的深入人心，青年的权利意识和自主意识在不断强化，对自身公民身份的认识在深化，要求在提高，对社会发展与个人成长之间关系的认识也在不断加深。所有这些，都深刻地影响了青年的参与。青年参与呈现出了如下特征。

（一）青年参与进一步走向自主化

改革开放近四十年来，中国青年逐步从响应党团组织号召的动员型参与，走向按照自我认知、理解和意愿进行的自主型参与。上海青年研究中心 2011 年的调查结果证明：在政治参与方面，八成以上的青年认为个人发展与社会发展紧密相连或有联系，七成以上的青年认为社会参与或政治参与可以提高自己的能力，七成以上的青年认为为政府献计献策是每一个公民的责任[33]；在文化参与方面，青年通过文艺作品欣赏、体验文化活动、参加文艺社团（含自组织）等多种途径，积极进行文化参与[34]；在经济参与方面，近 50%的受访者表示愿意通过兼职等方式取得一定的经济收入，近三分之二的在校生受访者愿意通过兼职等方式取得一定的经济收入[35]；在社会参与方面，在汶川抗震救灾、北京奥运会、上海世博会等许多重大社会活动中，青年自主、自发的参与已经成为社会瞩目的风景。

（二）青年参与进一步走向全面化

改革开放之前，青年更多有组织地参与各类政治活动，相对较少经济参与、文化参与和社会参与。改革开放以后，当代青年的政治参与维持在一种相对平稳的状态；而随着文化市场、经济增长、社会建设等各方面的发展，青年几乎全方位地进行了政治参与、经济参与、文化参与和社会参与。换言之，青年参与的范围和领域正在不断扩大。

（三）青年参与进一步走向务实化

改革开放以来，青年有了更多理性思考和选择，其参与体现出了更加激情内敛，更加务实、理性、有序的鲜明特征。政治参与方面，青年对政治参与的认知注重对利益得失（比如 63.7%的青年认为政治参与可以提高自己的能力）的权衡与考量[36]。大多数青少年认为政治参与未必都要讨论国家大事，也可以通过参与身边的公共事务来实现[37]。青年抛弃了旧的政治参与形式，更趋向通过自组织活动等多种途径，依法有序地表达自己的意愿和诉求。同时，青年更加注重进入现行管理体制参政议政，参与管理中国基层社会，了解基层，了解社情民意，了解国情，培养和提升自己参与治理国家的能力。其政治参与日益理智、务实。文化参与方面，当代青年不再追逐政治领袖、英雄和科学家，转而追捧大众文化明星，对传统文化较为淡漠。其文化参与更加务实，也更加世俗化。经济参与方面，青年高度关注经济状况和形势，关注就业、市场消费、投资理财等方面的问题。超七成受访者对“大学生可以先就业，等条件成熟之后再创业”表示“同意”。这既说明青年创业的积极性不高，也说明青年经济参与更加务实。毕竟，创业不能仅靠热情。社会参与方面，青年在主动参与志愿者服务活动、公益类社会实践活动、校园社团活动、社区活动等社会活动的同时，还通过自组织和网络集聚等新兴途径和渠道，积极参与各类实务性社会活动，在许多重大社会活动中发挥了很有力的正面作用。

（四）青年参与进一步走向多元化

当前，青年参与所呈现出的多元化特征主要表现在以下几个方面。

一是参与形式更加多元。改革开放后，青年更加注重自主参与；注重通过进入现行管理体制参政议政、参与管理中国基层社会；注重深入基层、了解社情民意、了解国情，培养和提升自己治理国家的能力；注重通过自己熟悉和喜爱的现代方式进行社会参与。

二是参与渠道更加多元。进入 21 世纪以来，青年更多通过自组织和互联网等途径进行政治参与、文化参与、经济参与和社会参与。

三是参与状况更加多元。随着青年群体的分化，不同青年群体的参与态度和状况发生了明显的分化。比如，政治参与方面，“青少年学生群体、青年工人群体、青年农民群体等在其政治参与的方式、途径、规模、程度和效果上都各有不同”。“从整体情况来看，人们受教育程度的高低对于其政治参与需求的强弱、政治参与程度的深浅和政治参与的效果大小具有决定作用。二者呈正比关系。”[38]青年在年龄、性别、受教育程度、政治面貌等维度上的显著差异，不仅影响到其政治参与，也直接影响到其文化参与、经济参与、社会参与等各个方面。①

（刊载于《青年探索》2018年第1期）

参考文献：

[1][2][22] 国家统计局. 中国统计年鉴(2011)[M]. 北京：中国统计出版社，2011.
[3] 宋广辉. 入党入团：中国青年政治参与的主要渠道[N]. 中国青年报，2007-01-11.
[4][5][6][7][8][9][10][14][27][28] 《上海青年志》编纂委员会. 上海青年志[M]. 上海：上海社会科学院出版社，2002.
[11] 邹湘江. 基于“六普”数据的我国人口流动与分布分析[J]. 人口与经济，2011(6).
[12] 国家统计局. 中国统计摘要[M]. 北京：中国统计出版社，2011.
[13] 国家统计局. 1989年全国年度统计公报[N/OL]. 人民网，2008-04-22. http://finance.people.com.cn/GB/8215/103889/119367/7150900.html.
[15] 原春琳，谢洋. 改革开放30年间1.28亿人报名参加高考[N]. 中国青年报，2008-10-08(B7).
[16] 中国青少年研究中心课题组. 中国青年权益状况报告[J]. 中国青年研究，2008(11).
[17] 2014年国家公务员考试报名人数统计. 环球网校，2013-10-21. http://www.edu24ol.com/web_news/html/2013-10/20131021021052518\0.html.
[18] 桂杰. 今年24省近400万人报考公务员　警察专业招录数量占优[N]. 中国青年报，2017-04-21.
[19] 中国村社发展促进会. 2012中国大学生村官发展报告[M]. 北京：中国农业出版社，2012.
[20] 辛梓. 大学毕业生踊跃报名当“村官”[EB/OL]. [2006-03-20]. http://www.cctv.com/news/society/20060320/101240.shtml.
[21] 余孝忠，潘林青，叶婧. “小粉红”“小青马”，爱国也要“萌萌哒”[N]. 经济参考报，

① 以阅读偏好为例。当代青年的阅读偏好呈现年龄和政治面貌上的差异。从年龄上看，“70后”最爱读生活实用类书籍，“80后”“90后”则最青睐娱乐休闲类书籍；从政治面貌上看，青年中的共产党员、共青团员比普通群众更热爱阅读，有16.4%的群众平时不怎么看书，而在共产党员中，这一比例仅为2%。参见刘宏森：《激情与回应——青少年社会参与研究》，上海交通大学出版社2011年版，第93页。

2017 - 10 - 12.

[23] 王琛莹. 超七成在外留学人员学成后愿意回国[N/OL]. 中国青年报,2016 - 01 - 15. http://zqb. cyol. com/html/2016 - 01/15/nw. D110000zgqnb_20160115_01 - 07. htm.

[24] 陈月柳,王欲然. 外媒称中国留学生回国工作领域成果还是中国最好[N/OL]. 人民网,2017 - 07 - 20. http://www. sohu. com. /a/158552093_157267.

[25] 国家统计局. 2012 中国劳动统计年鉴[M]. 北京：中国统计出版社,2013.

[26] 国家统计局人口和就业统计司. 中国人口和就业统计年鉴[M]. 北京：中国统计出版社,2009.

[29] 杨剑. 中国高新技术企业：影响中国互联网的 100 人[EB/OL]. 2004 - 10 - 10, http://telecom. chinabyte. com/154/1862154. shtml.

[30][33][34][35][36][37][38] 刘宏森. 激情与回应——青少年社会参与研究[M]. 上海：上海交通大学出版社,2011.

[31] 朱健刚. 中国公益发展报告[M]. 北京：社会科学文献出版社,2013.

[32] 谭建光. 中国青年公益创业与社会创新[J]. 青年探索,2014(3).

第二编

青少年研究批评

当代中国青少年研究自20世纪70年代末起步以来有了很大的进步，但尚未“走出碎片化、平面化、功利化等流弊与困境”。青少年研究的质量和学术水平要满足政府、青年组织、教育部门的要求，受到学术界专家学者的认可，就要沉浸到青少年生存发展的生动情境中，接通青少年生活和精神世界的“地气”；就要通过种种“油盐柴米酱醋茶”把握青少年生存发展中的问题，分析和把握种种具体现实问题背后的深层原因，对青少年生存发展提出切实可行可操作的对策和建议；就要进行以科学思维方式训练为重要内容的长期艰苦的学术基本功训练。除此之外，提升青少年研究水平大概没有什么捷径可走。

在“接地气”中走进青年

经过三十多年的发展，“青年研究在中国目前仍处在一个比较尴尬的局面：一方面，改革开放以来关于青年的研究已有了非常大的进步……另一方面，青年研究的质量和学术水平却常常难以满足政府、青年组织、教育部门的要求，并且时常受到社会和人们的质疑与批评，以至于在学术界常常得不到专家学者的认可”[1]。学术研究是在长期积累中逐步推进的。青年研究遭遇的长期“尴尬”，说到底与青年研究自身的积累不够有关。要使青年研究得到学术界专家学者的认可，甚至成为一门“学科”，在中国社科界登堂入室，现在需要的，也许不是人们为“学科”之成立而奔走呼吁，而是实实在在地进行研究的积累。这需要研究者们前赴后继，真正沉潜到青年及其生存发展的实际过程中去，不断提升青年研究的水平。这是一个漫长而艰难的过程。而沉潜到青年中，就是要求青年研究更“接地气”。

一、青年研究“接地气”的含义和意义

（一）“接地气”的基本含义

1. “接地气”是近年来的一个“热词”。实事求是地讲，它还不是一个内涵和外延皆已明确的概念，而更多是一种形象化的说法。因此，对“接地气”，我们要在仔细辨析和界定的基础上小心使用。何为“接地气”？查《辞海》和《现代汉语词典》[1]，均无“接地气”和“地气”这两个词条。“接地气”是一个动宾词组。其中，“地气”是名词，作宾语。在“互动百科”中搜索“地气”：地中之气；犹气候；土地山川所赋的灵气；风水；大气层。根据这些解释，我们大致可以认为，所谓“地气”，就是外在于主体的客观事物。首先，这种外在客观事物的能量巨大，对于主体具有不可忽视的基础性意义；其次，这种外在客观事物有自己的运行规律，主体必须准确把握，不可轻视。“接”是动词，包含承受、聚合、贯通之意。依据上述理解，“接”“地气”概指承受、聚合、贯通大地的力量、大地的气息，顺乎自然和人理。总的来说，所谓“接地气”，就是要深入现实生活，直接感受现实生活的风云变幻、人民大众的喜怒哀乐和愿望诉求，聚合人民大众的智慧和热情，和人民大众打成一片，心意贯通。

2. 青年研究“接地气”的含义。青年研究泛指以青年为对象的多学科学术研究活动。其主要研究对象包括青年现象、青年特点和特质、青年的社会定位、青年问题、青年发展、青年工作、青年学科等多方面。把“接地气”与青年研究联系起来，就是要求青年研究贴近青年生存和发展的实际，善于从青年群体中汲取热情和智慧，善于通过种种“油盐柴米酱醋茶”的日常生活细节把握青年生存发展中的问题，善于分析种种具体现实问题背后的深层原因，善于对青年生存发展提出切实可行的对策和建议。简言之，就是研究选题契合实际，言之有物，不自说自话；在研究过程中，实事求是，言之有据，言

① 限于客观条件，笔者主要查阅了《辞海》和《现代汉语词典》。

之有理，不掉书袋，不简单搬运社科理论，不搞云里雾里的名词术语大轰炸，不做“数据当家”[2]式的“调研”和“报告”；研究成果不仅要表达准确生动，言之有味，更应容易被人们理解、接受和认同，而且具有较强的现实意义、较强的可操作性和指导意义。

（二）青年研究“接地气”的基本特征

1. 价值取向注重“以青年为本”。青年研究“接地气”就是要将“青年为本”作为基本价值取向和出发点，特别关注青年生存发展的现状和问题，努力准确把握具体问题背后的种种深层原因，思考和探索可操作的具体破解良策，为破解种种青年问题建言献策。“接地气”的青年研究不是只为“稻粱谋”的研究，而是更为经世济用的研究。

2. 研究选题注重微观实际。“接地气”的青年研究十分注重从具体问题，有时甚至从非常微观和“琐屑”的问题中遴选研究的选题。很多具体的现实问题或理论问题虽然可能比较微观，甚至比较“琐屑”，却并非是孤立存在的，往往与其他事物之间有着深层的紧密联系。注重把握一些微观和“琐屑”的问题，从某个细节切入进去，往往能够由小见大，层层深入地挖掘出一些社会、经济、政治、文化等方面的深层问题。黄仁宇的《万历十五年》以“万历十五年”这一年中明朝宫廷内外的一些人和事为主要叙述和研究对象，发掘在种种细节和表象背后的中国封建社会发展的某种内在逻辑。这是学术研究“接地气”的一种典范。

青年研究同样需要把握一些微观甚至比较“琐屑”的问题。比如，研究青年民生问题时，不是浮在面上泛泛而谈，而是择取某一具体的民生问题——比如青年婚恋问题——进行切入。进一步说，还可以具体到青年婚恋问题中的“剩女”问题，甚至可能是“剩女”的某种婚恋价值取向问题。“接地气”的青年研究往往注重对这些微观问题进行爬剔梳理、深入挖掘，努力把握其背后的深层原因。需要指出的是，关注和研究某个具体问题，不枝不蔓，把具体问题研究透，这实际上是研究一些宏大问题过程中取得的局部性突破。宏大问题研究的突破，往往都需要很多局部性突破的积累。近年来，青年研究中之所以少有令人欣慰的进展,重要原因之一就在于鲜见局部性突破。

3. 概念使用注重明确具体。“接地气”的青年研究不排斥运用大(抽象)概念,但更注重运用小(具体)概念。任何学术研究都离不开概念的作用。概念是关于某种事物的一般观念,是建构人类知识的基础材料,是人们思考、批评、论证、解释和分析的工具。[3]一定意义上讲,运用概念研讨问题,意味着人们对种种现象和问题的认知和把握已经得到了某种提炼。一个概念的外延越大,即概念所指的对象范围越广,概念也就越大(即抽象程度越高)。概念越大,其内涵也就越趋向于对共性的揭示,而对对象个性(特质)的揭示则相对不够,离具体现实的距离也就越远。根据外延的相对大小,概念有属种之别。种概念之所以归在某个属概念之下,是因为与同属的其他种概念之间有多方面的共性。相对于属概念,种概念更加具体,因而更“接地气”些。人们在现实生活中接触到的总是具体事物(某一种“苹果”),而不是抽象概念(“水果”)。对某个种概念进行多方位的研究和深入的挖掘,既有助于人们准确把握该种概念的特性(特殊本质),也有助于人们进一步把握相关属概念的本质属性,也即其与其他属概念相对而言呈现出的不同的特殊属性和特殊本质。比如,研究“苹果”(种概念),有助于人们加强对其特性的认识,也有助于人们深化对“水果”(属概念)的特性的认识和把握。虽然“水果”并非研究的盲区,然而,在对“苹果”“桃子”等具体种类的研究尚不透彻、认知与把握的积累还远远不够的情况下,研究“水果”,大概需要更强的驾驭能力。而这种驾驭能力总体上一直比较稀缺。

青年研究要“接地气”,就需要人们从种概念,甚至从具体和个别概念的辨析入手,进行多方面研究的积累。比如,要准确把握“青年价值观”(属概念)问题,就需要从“青年婚恋观”(“青年价值观”属下的种概念)等方面的更为具体的研究做起。

4. 研究方法注重深入现实。“接地气”的青年研究注重走进研究对象进行长期深入的调查研究。事实证明,“接地气”的青年研究者普遍青睐走向

"田野",走进青年群体,不仅通过抽样、问卷等调查方法搜集一些具体的数据,而且通过长期深入访谈和近距离多次观察,把握一些有温度和反映本质的事实材料。然后,对这些"接地气"的事实材料进行梳理和整合,从中提炼出一些新颖的观点、可操作的对策和建议。如廉思对北京等城市环城带和城中村"高校毕业生低收入聚居群体"的持续追踪调查研究,黄海对长沙郊区"街角青年"的研究,李志刚对广州黑人生存现状的田野调查,等等。此外,谢昌逵《对中国青年研究的反思》、陈亮《我们的青年研究缺什么?》、沈杰《青年研究向何处去?》等文章直面当下青年研究存在着的现实问题,对人们的朦胧感觉进行了"画龙点睛",有力地回应了人们的疑惑。这样的研究都很"接地气"。

吴鲁平认为:"众多的研究只停留在对研究对象(或目标变量)进行表层的总体描述和中间层次的分层描述水平,而对构成研究对象各要素(或变量)之间的关系,即内部结构及其特点,以及研究对象(或目标变量)究竟与哪些因素(或解释变量)相关等深层研究则相当缺乏,因而,无法揭示影响研究对象的各种因素和作用机制。"[4] 事实证明,"接地气"的青年研究恰恰超越了"对研究对象(或目标变量)进行表层的总体描述和中间层次的分层描述水平",有助于更深入地揭示"影响研究对象的各种因素和作用机制"。

(三)青年研究"接地气"的意义

1. "接地气"有助于青年研究有效地避免闭门造车和自说自话等不良现象。鲜活的青年世界是源头活水,为青年研究提供了源源不绝的题材和灵感。尤其是在青年文化代际更迭速度越来越快,青年社会越来越"原子化",青年群体越来越碎片化,青年的生活方式、价值观念和行为方式越来越多元化的今天,青年研究只有"接地气",才能持续准确地把握青年世界的现实状况,才能辨析和提炼青年世界中存在的种种现实问题,分析和把握其背后的种种深层原因,提出行之有效的对策和建议。现实生活中,青年创业就业的酸甜苦辣,新的经济形势下白领青年的新困境,流水线上青年工人的苦累和追求,网络主播等多种新兴青年群体、新社会阶层的生存和思想状态,"单身狗”的心海波澜，霸凌者的生存状态……所有这些，都需要研究者去了解和把握。欧内斯特·L. 博耶(Ernest L. Boyer)指出：“大量的证据表明，无论社会还是学术的健康发展，都有赖于学者和社会实践者的相互交流。”[5]深入青年生活和内心，与青年心意相通，这就是“学者和社会实践者的相互交流”。这有助于研究者及时把握青年世界的种种新变化、新现象，并透过种种现象，更加准确深刻地把握住现象背后的本质。总之，更加“接地气”，青年研究才能时时从源头活水中汲取养分，不断丰富和拓宽学术研究的题材，不断激发出学术研究的新灵感。

2. “接地气”有助于青年研究更好地回应青年和社会的需求。欧内斯特·L. 博耶借用奥斯卡·汉德林的话强调：“学术的价值不是取决于学术自身的名词术语，而是取决于它对国家和世界的服务。”[6]青年研究是一种对象较为特殊的学术研究，其意义和价值同样在于帮助人们准确把握青年世界的现状和问题，服务于青年生存发展，服务于社会发展。陆玉林指出：“如果说青年研究的理论建构，构成的就是这样使青年研究能够与其他学科区别开来，使青年研究成为专门化的领域，却无法清晰地描述和解释青年的现实境遇，无助于认识和解决青年现实问题的宏大理论，那么就走入了误区之中。”[7]当下青年研究只有更好地“接地气”，才能更好地“满足政府、青年组织、教育部门的要求”。

讨论学术研究的价值问题，可能会招致“功利主义”的诘难。陈亮曾经指出：“恩格斯启发我们，单纯从狭隘的实用主义观点和急功近利的观点去从事科学研究，是不可能产生伟大的科学理论的。有许多伟大的科学理论是从‘纯粹科学研究的兴趣’出发而获得的。”但笔者认为，学术研究必须具有功利价值——即其对社会和个人的有用性，否则就没有存在的必要。“纯粹科学研究的兴趣”主要存在于学术研究的过程之中。一旦进入具体的研究过程，占据学术研究者整个心灵的主要是研究内容中的是非曲直，而不再是现实的功利价值。而在学术研究过程的前前后后，研究者必然要关注其研究对社会和个人的功利价值。因此，不应该笼统地反对学术研究的功利价值，而要遏制学术成为功利的奴隶的现象[8]。所谓功利的奴隶，是指学术研究成为研究者“稻粱谋”的工具，也指其沦为急功近利地追求“短平快”效果的政策诠释和帮腔。要反对仅仅把青年研究简单等同于青年“政策研究”的做法。从一定意义上讲，把青年研究视为政策研究，这也是多年来青年研究饱受诟病的主要问题之一。青年研究必须以足够的“时间、耐心和学理素养”[9]深入研究青年的现实状况及其背后的深层逻辑，提出破解种种问题的“接地气”的独到见解和办法。这才是青年研究的价值之所在。

3. “接地气”有助于青年学科建设。学术发展的基本逻辑过程包括从对具体现实问题的把握和研究的积累入手，经过持续不断的学术研究，逐步从现象中，从对具体现实问题的研究的积累中有所提炼和升华，逐步形成一些基本概念、命题、原理和范式等。“接地气”的研究是这个过程的起点，是学术研究的基础和初级阶段。从概念角度看，就是要不断通过多个种概念研究上的局部突破，逐步合乎逻辑地实现对属概念认知把握上的整体性突破。这是一个逐步由具体到抽象，由“接地气”到“进堂奥”，由形而下到形而上的过程。这是学术研究发展的一般规律。

青年学科建设也要从“接地气”做起。青年研究在我国起步较晚，基础较为薄弱，学科建设任重而道远。《青年研究》1983 年 10 月召开的作者座谈会指出：“新学科得以建立，大约先有一个经验描述的时期，这时还没有真正确立自己的对象和方法，只有自己的‘领域’或‘范围’，如青少年问题。在经验描述足以接触到本质的时候，才进入了确立对象和方法的时期，才形成了独立科学。当前的青年研究正处于这两个阶段之间。”谢昌逵认为：“这个论述符合社会科学的发展趋势。”[10]如今，虽然三十多年已经过去，青年研究依然处于筚路蓝缕的初创阶段，还有很多基础性的问题制约着它走向一门成熟的学科。比如，即使对“青年”这样一个青年研究最为核心的概念的界定，至今也仍然存在着很多不同的意见，尚未达成共识[11]。联合国把 15—24 岁的人定义为青年，世界卫生组织认为 14—44 岁的人是青年，联合国教科文组织把 14—34 岁的人视为青年。我国国家统计局把青年定为 15—34 岁的人，我国共青团界定的青年为 14—28 岁的人，我国青年联合会所指的青年是 18—40 岁的人。这些不同的意见，说明人们对青年这一特殊人生阶段的本质属性还知之甚少，未能形成一致的认知和把握。现实生活中，人们往往习惯用一个高度抽象、内涵不清、外延不明的概念指称一个不太了解的对象，比如 UFO。从一定意义上讲，“青年”这个概念如同 UFO，成了一个筐，便于人们把种种一时还难以讲清楚的东西都往里装。事实上，要搞清楚“青年”为何，首要的不是在书斋里苦思冥想地做概念的辨析和界定。对概念（内涵和外延）的界定，从来就不仅是语言文字技巧的问题，更是认知水平的问题。这就需要通过无数“接地气”的调查研究的积累，使人们对“青年”逐步达到“横看成岭侧成峰”的状态，形成立体式全方位的准确认知和把握。陆玉林指出：“当代中国社会和青年的实际是怎样的，这正是需要探讨的问题，是青年研究者必须关注的问题。这需要理论，更需要现实的观察和分析。”“现实的观察和分析”就是“接地气”的重要保障。“青年研究的理论建构，就是要从现实生活中的现实前提出发，并一刻也不离开这种前提。”[12]

二、不够“接地气”是青年研究的重要症结

三十多年来，多种版本的“青年学”著作大量出版，“青年学”却依然未得到主流学界的承认。原因何在？我以为，青年研究不够“接地气”是主要原因之一。陈亮多年前就指出，中国青年研究中存在着问题意识淡漠、研究定向单一、互动关系脱节、批判立场缺席等痼疾[13]；沈杰认为，青年研究中，存在着有青年的地方看不到学科，有学科的地方看不到青年的现象。所有这些问题，其实都与青年研究还不够“接地气”有关。沈杰说，“如果说我们的青年研究要取得真正发展必须具有两只坚实之足的话，那么，一只必须站在社会变革的波涛汹涌之中，而另一只则必须立在学术探讨的最前沿”。一只脚必须“站在社会变革的波涛汹涌之中”，就是要求青年研究必须“接地气”。而当下青年研究恰恰不够“接地气”。

（一）选题随心所欲

学术研究的选题，既是研究者对理论和实际问题认知把握的结果，也是对学术研究的路径、方法等选择的结果。因此，学术研究的选题直接反映着研究者对问题的认知程度，对学术研究“切入口”的把握能力等多方面状况。从一定意义上讲，选题也是学术研究是否“接地气”的重要反映。在研究选题的选择和把握方面，多年来，青年研究存在着一些值得正视的问题。这些问题主要包括以下几个方面。

1. 脱离现实。有学者指出，“目前的研究中依然存在一些不足：一是研究内容相对过于集中……从关键词、论文被引频次统计结果可以看出，相关研究内容主要还是集中在大学生、高校、农民工等领域，或者直接以青年、青少年作为研究对象，缺乏更为具体的研究对象分析”[14]。作为青年研究学术期刊的编辑，笔者对此深有同感。笔者在编辑工作中接触到的大量来稿中，以“大学生”“思想政治教育”等属概念为选题的文章居多，而对“大学生”“思政教育”进行细化（种概念）的选题则相对较少。与此同时，关于一线青年工人、青年农民、边缘青年、新社会阶层等方面的研究成果却是少而又少。从总体上看，大学生思政教育被翻来覆去地“研究”，快递小哥的生存状态则少人问津。这既与很多研究者的职业特点（太多为辅导员）有关，更与很多研究者对青年及其生活的具体实际缺乏必要的了解且更谈不上深刻的理解有关。一些研究者往往只是在业绩考核和职称晋升的压力下匆匆忙忙找个选题，敷衍成文了事。在这种匆忙和急切中，他们或者选择一些所谓的“热点”选题，因为“热点”选题可供“参考”的材料也较多；或者只是“感到”某方面“好写”而选题。如此选题自然难以“接地气”。

2. 概念过大。在当下的青年研究中，选题太大是一种“顽疾”。选题太大，主要与选题中所包含的概念太大有关。比如像“当代青年价值观念的变迁”这样一类的选题，包含着“青年价值观念”这样的“属概念”。这个属概念中又包含着“人生价值观”“职业价值观”“婚恋价值观”“审美价值观”“文化价值观”等多个种概念。再比如，像“青少年消费现状研究”这样的选题，对

"青少年"这个概念缺少必要的限制和界定,并未明确是何时、何地、何种年龄、何种经济地位的青少年,这就导致它必然是个广大无边且十分抽象的概念。同样,"消费"的内容和方式有很多,但在这些选题中也缺少基本的界定。这就使得这些概念太大,令人难以把握。一般来说,目前学术期刊刊载的文章的篇幅为一万字左右。在这样的篇幅限制下,要把变动的"青年价值观念"等属概念的内涵界定清楚势必十分困难,更难以说清楚其流变的轨迹。这也就意味着以"当代青年价值观念的变迁"等为题的研究及相关文章,只能在"属概念"的层面上泛泛而谈,难以真正对某种具体价值观念的现实表现等进行细致深入的探究。在"属概念"的层面上讨论问题,表面上站得高、看得远,却什么都看不清楚。此种"研究"只能在抽象层面玩一些概念游戏,进行"宏大叙事"[15],却并不能真正"接地气"。

事实上,在青年研究领域中,有太多的具体问题需要得到发掘、梳理和探讨。如在"青年文化"这一属概念中,包含多种下属的种概念,如青年音乐文化、青年影视文化、青年体育文化、青年休闲文化、青年消费文化、青年婚恋文化等。近年来,除了一些从社会学、文化学等视角对"属概念"层次的"青年文化"所进行的研究之外,鲜见对青年音乐文化、青年影视文化、青年体育文化、青年休闲文化、青年消费文化、青年婚恋文化等"青年文化"的具体形态及实际状况的微观性研究,更鲜见对某种具体种类青年文化形态的持续性跟踪式研究。这就好像研究"水果"的多,研究"苹果",甚至"红富士"的少,而专门研究"洛川红富士"的则几乎没有。近年来,苏州大学凤凰传媒学院马中红团队对青少年网络流行文化等的追踪式研究很"接地气",其对青少年网络流行文化的整体研究的推进具有重要的学术价值。遗憾的是,此种"接地气"的研究并不多见。

(二)"数据当家"调研

自 20 世纪 90 年代以来,高度重视实证研究已经成为中国青年研究的重要特点之一。各种青年研究学术期刊的版面和学术会议的资料和屏幕上,充斥着各种数据和图表。熟练使用 SPSS 等多种调查统计工具,似乎已经成为学术研究的基本功之一。人们希望通过实证研究，促进青年研究更"接地气"，以解决青年研究中长期且普遍存在着的内容空洞、论据不足、逻辑疲软等问题。但是，实证研究中的不少问题，却制约了青年研究"接地气"。

1. 以问卷代实证。从实际情况看，问卷调查近年来似乎已经成为实证研究的代名词。很多研究者一搞"研究"，首先想到的往往就是设计问卷、施测、问卷统计等。实际上，"问卷"只是实证研究中收集资料的一种方式而已。个案访谈、随机采访、田野调查等不仅是实证研究的重要方法和形式，而且相比问卷调查，更有助于研究者深入青年的生活和心灵世界之中，有助于研究者"把握被调查对象极其具体的情况和十分微妙的情感律动，把握点与点之间边际状况的细微变化"[16]。只有根据研究对象的实际情况灵活运用多种实证研究方法和形式，学术研究才能更"接地气"。然而，现实状况往往是：问卷调查多，个案访谈、随机采访、田野调查等则十分鲜见。

2. 以数据代现实。笔者曾在《"数据当家"与实证研究》一文中指出："实证研究具有很强的专业性，需要研究者经过系统的专业训练，熟练掌握抽样、调查、统计、访谈、分析等方面的专业技术和能力；需要研究者具有较为深厚的理论素养和较强的思辨能力。实证研究不是问卷和数据的简单堆砌。"[17]但在现实生活中，很多以问卷调查为主的"实证研究"往往缺乏专业性，不够规范，主要体现在以下三点。

一是随心所欲。一些作者在进行问卷调查时，往往既不了解，也不尊重相关规范。在问题设计、样本布设、调查实施、统计分析等各方面，他们往往更加看重操作方便，而甚少顾及规范要求，太过随心所欲。如此，"通过抽样调查，人们对被调查对象的把握常常是'大体上'、粗线条、难免朦胧模糊的"，只能得到一幅"马赛克拼图"。而"'马赛克拼图'往往只能远观，却不能近看"[18]。这幅"马赛克拼图"自然不能真实地反映青年世界有血有肉的生动样貌。在此基础上的所谓"实证研究"自然不能使青年研究真正"接地气"。

二是以偏概全。在很多学术期刊中，以"中国青年××之研究——

以××为例”为题的论文屡见不鲜。这些论文往往以某个学校、某个单位的青年为主要研究对象，似乎很“接地气”，但是，经过一番对样本的背景和方法以及调研数据的介绍后，研究者便以此为据，宣称自己把握了“中国青年”某方面的情况。这样的“研究”不仅有以偏概全之嫌，也并不“接地气”。因为研究者只是“就地取材”，临时做了些浮光掠影的采样，如同景区对园内游客做些调查，便宣称把握了国内外游客某些方面的情况一样。

三是“数据当家”。“数据当家”有两层含义：一是把数据作为论文的核心和主干内容；二是把数据作为一种标签，显示研究的科学性和严谨性。笔者在《“数据当家”与实证研究》中指出：“在一些文章中，数据颇类似于饥民瓮中的粮，有了粮，就可以吃上白面馒头、填饱肚子。至于营养是否充足、是否均衡，则无暇顾及，也无意顾及。然而，一旦抽去数据，这样的文章难免如同饥民家庭的灶台，只剩下些许烟熏火燎的痕迹。”像这样的文章，除了冷冰冰的数据外，既不能让人感受到青年世界的温度，也不能让人感受到研究者思想的力度。从一定意义上讲，这些“研究者”已经成为“煤老板”。对于他们来说，拥有了这些数据，就等于拥有了“滚滚财源”。至于对这些数据进行深度开发，如同对煤块进行深加工以提升其附加值一样，则不在其兴趣范围之内。苏颂兴2016年底在《中国青年研究》杂志举办的一次研讨会上指出：数据并不能真实地反映真实问题或现状的真相，不能真实反映青年的内在态度。如此“数据当家”的实证研究，何谈“接地气”？如何能够促进青年研究水平的提升？

（三）对策自说自话

在问题把握和原因分析的基础上，提出破解问题之策，乃是学术研究过程的一种基本逻辑。对策和建议必须具有较强的现实针对性和可操作性，这是一种青年研究的基本要求，也是青年研究“接地气”的重要表现。近年来，要求青年研究发挥智库作用，对青年工作和共青团工作提供智力支持，提供可操作的对策和建议的呼声越来越响。“如今在我国，从事相关青年理论及实际的工作者愈发将注意力转移到青年工作决策及研究关系等问题上。"[19]然而，当下青年研究提出的种种对策和建议不够"接地气"，仍是一个值得重视的问题。

1. 闭门造车。作为学术期刊的编辑，笔者近年来看到的很多论文在提出对策和建议时往往缺乏现实依据，为对策而对策，为建议而建议，自说自话的现象较为普遍。笔者曾应邀对某地青年研究得奖论文进行点评。有一篇对大学生返乡创业现状调研的文章，列举了作者团队所做的问卷调查结果。在此基础上，作者提出了加强返乡大学生创业工作的几方面对策：重视返乡创业对经济内生增长的重要作用；树立科学创业教育理念，加强创业教育；举办返乡大学生创业培养班；运用新媒体手段，做好引导和服务工作；通过心理疏导等方式，缓解返乡创业压力。细细辨析这些对策，笔者不无疑惑：返乡创业大学生是否不知"返乡创业对经济内生增长的重要作用"的重要意义？何以证明？"加强创业教育"和"举办返乡大学生创业培养班"两点内容交叉重合，其间内在的逻辑关系何在？在"运用新媒体手段，做好引导和服务工作"与"通过心理疏导等方式，缓解返乡创业压力"两点中，心理疏导是不是引导和服务的题中应有之义？很显然，在作者提出这些对策和建议之时，对这些问题及其相互间的关系并无清晰的逻辑梳理。这些对策和建议更多的是闭门造车的结果。

2. 无的放矢。不少研究成果的对策建议往往与对具体问题的把握和分析脱节，缺乏必要的针对性。比如上述关于大学生返乡创业现状调研的文章，其"研究结果与分析"部分分别指出：返乡大学生迫切需要资金方面的帮助；各地、各级政府部门都为包括返乡大学生在内的各类创业人群提供了很多便利，给予了实际帮扶；但有 52.7%的返乡创业大学生"不了解返乡创业的相关政策"。在这些结论中，显然存在着值得特别注意的问题：既然大学生需要得到帮助，但为什么在资讯如此发达的当今社会中，他们不了解已有的支持性政策？此种悖反现象暴露了大学生返乡创业中存在哪些深层次制约性问题？创业主体的素质问题是否值得特别关注？该文作者并未抓住此类具体的深层次问题并展开论述。正是因为未能针对具体问题，故而作者所提出的相关对策和建议便难免无的放矢，难以“接地气”。虽然该文只是个例，却有着很强的代表性。由此，笔者发现，很多文章在提对策时，往往都有所谓的“套路”：一曰“高度重视”，二曰“加强引导”，三曰“政策支持”，等等。这样的对策和建议难免“官话”“套话”，无的放矢，不“接地气”。

综上，不“接地气”，使当下青年研究难以直面青年生存发展中的种种现实问题，难以准确把握种种问题背后的深层原因，难以提出切实可行与可操作的破解良策。一言以蔽之，难以令“政府、青年组织、教育部门”满意。

三、促进青年研究更“接地气”

在当前共青团改革的背景下，青年研究事业被赋予了更高的期望和要求。团中央根据团工作的实际需求，整合了六大功能平台。青年研究是其中十分重要的一个平台。在此背景下，青年研究要不辱使命，就必须更“接地气”。这需要青年研究学界同仁的共同努力。

（一）力戒急功近利

当下青年研究之所以不够“接地气”，其原因主要在于不少研究者缺少足够的“时间、耐心和学理素养”。而缺乏足够的时间和耐心深入青年世界，与急功近利的社会价值观对全社会，包括对学界无孔不入的影响直接相关。[20]一些研究者往往迫于业绩考核和职称晋升等方面的压力，勉为其难地参与青年研究之中。对于他们来说，十年磨一剑式的学术研究费时费力，远不如出一份问卷、搞一堆数据、凑一篇文章、达一项指标来得实惠。于是，“宏大叙事”“数据当家”充斥于各种期刊版面。不“接地气”正是急功近利社会价值观结出的恶果。

然而，仅仅把不“接地气”归因于急功近利的社会价值观是于事无补的。学术研究自古便崇尚“铁肩担道义”。面对着急功近利的社会价值观的喧嚣，学术研究事实上肩负着帮助社会激浊扬清、正本清源的重任。因此，青年研究界应该努力摒弃急功近利的学术价值观，以更多的“时间、耐心和学理素养”，沉潜到青年世界之中，努力使青年研究更“接地气”。这是青年研究者们的共同责任。

（二）强化学术训练

青年学者自身就一直生存于"青年世界"之中，但他们当中的绝大多数并非从事青年研究的专家。这说明"接地气"不仅要求研究者沉潜在青年世界之中，也要求青年研究者必须具有较高的"学理素养"、较强的学术研究能力，既能够"潜下去"，也能够"提起来"。"提起来"，就是能够按照学术规范的要求，善于把握现象，善于从现象中发现问题，善于把握问题背后的深层次原因，善于针对青年世界的实际和深层次原因提出有针对性的对策和建议。光有好的态度，却无过硬的研究能力，研究者只能"身在宝山不识宝"。事实上，很多研究者愿意更"接地气"，却限于学术能力不够，难以真正做到更"接地气"。

毋庸讳言，当下的一些青年研究者的"学理素养"和学术研究能力亟须大幅度提升。笔者编辑青年研究学术期刊和"中国高校系列专业期刊·青少年研究专题刊"多年，拜读过很多青年研究的优秀作品，也感受到了青年研究领域存在着的不少问题：诠释文件精神、搬运专业理论、套用学术语言、贩卖各种数据。问题不明确、概念不界定、判断无依据、推理少逻辑等现象在许多来稿中普遍存在。笔者深感当今青年研究所欠缺的主要不是学科、理论、范式，而是对问题的敏锐把握、对事理的深刻剖析、对世界的新颖认知，是对基本学术规范（甚至是对基本逻辑规范）的认知和把握。学术规范的实质是实事求是、合乎逻辑。很多研究者在概念使用等思维逻辑上出现的一些基础性问题，恰恰是基本学术规范训练欠缺的表现。缺乏必要的学术规范训练，自然难以"接地气"。

毫无疑问，饱受诟病的"应试教育"和对"标准答案"的强调等挤压了很多研究者当年接受基本学术规范训练的时间和空间。学术研究的核心是研究者。促进青年研究水平的提升，必然要求研究者不断提升自身的学术研究能力。青年研究固然要谈论这个"学"，那个"科"，这个理论，那个方法，但更需要一些研究者自觉在研究实践中加强基本学术规范的训练。唯有不断提升基本学术素养水平，研究者才能更加注重实事求是、走进青年、更“接地气”。学界要加强学术批评，对学术研究的状况和成果进行分析和研究，揭示学术研究取得的进展和成就，对学术研究的过程、学术研究队伍中存在的缺憾和问题进行梳理和分析，以及时警示研究者自我提升。

（三）强化把关引领

多年来，《中国青年研究·特别企划》栏目通过系统策划，针对大学生、未成年人、青年女性、青年农民工等主要目标群体，组织优秀作者对教育问题、越轨和犯罪问题、就业问题、组织和政治参与问题、婚恋问题、互联网使用问题等进行了及时和深入的研讨[21]，堪称努力“接地气”的一种典范。朱剑指出：“从为学术成果的发表和传播提供合适的平台，到新的学术共同体和研究范式的生成，最终确立新的学科，哪一步也离不开学术期刊的参与和引导。”[22]《中国青年研究·特别企划》栏目受到欢迎启示我们：在引导研究者把握“接地气”的研究选题方面，青年研究学术期刊作为青年研究事业的重要平台，作用很大，大有可为：一方面，学术期刊应严格把关，借助稿件修改等多种途径，引导作者更加紧密地贴近青年，同时还要不断提升学术研究的能力和水平；另一方面，学术期刊应该时时关注青年社会的风云变幻，密切关注学术前沿，从中提炼和把握有理论与实践价值的新选题。通过选题发布等多种途径，及时给予研究者选题建议，以引领青年研究更加“接地气”。

同时，青年研究学术机构要充分发挥青少年研究平台的作用。利用举办年度论坛等重要学术活动的机会，引导和组织学者们对年度青年研究的状况进行盘点和梳理，总结成绩和经验，揭示存在的问题，明确未来改进和完善的方向与路径。还可以充分发挥各级“青少年和青少年工作研究课题评审”等平台的作用，发布大量“接地气”的学术研究课题，引导青年研究者进一步走近青年，走进青年，从青年世界无限生动活泼的景象中，了解和把握当今中国青年生存和发展的现状和问题，探索破解良策。

当代青年研究是为应对青年社会问题而受到重视的学术研究领域。因此，贴近青年世界的实际，更“接地气”，乃是青年研究作为学术事业的一种本质要求。当今时代，社会发展步伐日益加快，青年在许多新兴领域中发挥着日益重要的作用，青年日益成为现实的重要代言人和主要话语权的掌控者……青年研究的对象和内容“每天都是新的”。在此情况下，青年研究要逐步构建起“有本体特性或者说中国特色的概念范畴、理论逻辑、研究方法、措辞方式和知识系统”[23]，走出一条“本土化”发展之路，从而得到“专家学者的认可”，就必须坚持不懈地走近、走进青年，研究青年的自主需求，研究青年的创意时尚，研究青年的网络生活[24]。一言以蔽之：必须更“接地气”。

（刊载于《青年发展论坛》2017 年第 1 期）

参考文献：

[1] 谢维和. 论青年学科的意义[J]. 中国青年社会科学，2016(1).

[2] 刘宏森.“数据当家”与实证研究[J]. 中国青年研究，2012(1).

[3] [英] 安德鲁·海伍德. 政治学的思维方式[M]. 张立鹏，译. 北京：中国人民大学出版社，2014.

[4] 吴鲁平. 实证性青年问题研究中究竟存在什么问题[J]. 青年研究，1997(2).

[5][6] [美] 欧内斯特·L. 博耶. 学术的使命[J]. 涂艳国，方彤，译. 中国大学教学，2004(4).

[7] 陆玉林. 现代性境域下青年研究的学理建构[J]. 青年探索，2016(2).

[8] 赵蓓蓓. 学术不能成为功利的奴隶[N]. 人民日报，2014-10-21.

[9][10][11] 谢昌逵. 对中国青年研究的反思[J]. 当代青年研究，2007(1).

[12] 陆玉林. 现代性境域下青年研究的学理建构[J]. 青年探索，2016(2).

[13] 陈亮. 我们的青年研究缺什么？[J]. 青少年研究与实践，2002(1).

[14] 胡洪彬. 回顾与前瞻：中国青年研究动向——基于五种青年研究类学术期刊的量化分析[J]. 当代青年研究，2013(5).

[15] 刘宏森. 浅议青年研究中的“宏大叙事”[J]. 中国青年政治学院学报，2010(4).

[16][17][18] 刘宏森.“数据当家”与实证研究[J]. 中国青年研究，2012(1).

[19] 陈芳. 关于青年研究与青年工作决策的思考[J]. 企业研究，2013(6).

[20] 刘宏森. 留守之殇：功利祭台上的牺牲[J]. 青少年研究与实践，2015(4).

[21] 福鹏. 近十年中国青少年研究述评——以《中国青年研究·特别企划》栏目为例(2003—2012)[J]. 华中师范大学研究生学报，2013(3).

[22] 朱剑. 青年研究期刊与青年学的构建[J]. 中国青年社会科学，2017(1).

[23] 陆玉林. 现代性境域下青年研究的学理建构[J]. 青年探索，2016(2).

[24] 谭建光. 走向社会、走向青年、走向真理——社会创新视野下青年研究的转型与发展[J]. 中国青年社会科学，2016(6).

调查研究　突破常识　夯实基础

一般情况下，人们往往习惯于根据常识对世界上的人和事进行评析。所谓“常识”（commom sense）即所谓“路人皆知”“不言自明”的知识[1]。由于常识往往是未经分析而获得的对某种事物表象的感知成果，因此，常识常常包含着谬误，经不起推敲和检验，可靠性也十分值得怀疑。由常识构建成的知识基础，难免松散虚浮，难以为人们把握许多问题提供扎实可靠的依据。比如，人们倾向于认为，“20 世纪 90 年代以来，美国学校中因枪击丧生的学生越来越多”。这似乎符合人们对美国社会治安形势越来越差的常识的认识。然而，社会学家通过研究却发现，美国死于校园枪击案的学生从 1992—1993 年的 45 人减少到 2002—2003 年的 5 人，十多年中死于校园枪击案的人数非但没有上升，反而大幅度下降了。[2]

对当代青年中的种种现象，此类以常识为基础的认知和把握也不鲜见。比如，近年来青年人普遍抱怨房价高、购房难。对此，许多人特别是一些年长者认为，抱怨房价高、购房难，说明现在的年轻人贪图现成享受，缺少主动创业的意识和准备。年长者自己的人生发展历程使他们拥有了这样的“常识”：通过自己多年的艰苦创业拥有住房，这是年轻人必须经历的过程。现在的年轻人参加工作没几天，就想购买自己的住房，这不就是贪图现成享受吗？然而，2010年，上海青年研究中心的研究人员通过研究却发现——

青年……到底是拥有房屋产权，还是租住在一套相对稳定的住房中，这其实不是问题的关键。关键何在？研究发现：当我们请租房青年用“0”分代表“一点都不满意”，“10”分代表“非常满意”，就政府管理租房市场的表现打分时，在215位受访者给出有效分数后，经统计平均得分为4.59分。这说明租房青年对政府在租房市场管理方面的表现不是很满意。事实上，我国目前的房屋出租确实存在“四多一难”现象，即房屋租赁地下交易多，税收流失多，租赁纠纷多，管理部门多和政府对市场监管难，多有力不从心之感……只要让居住者不用担心“哪天会被赶出去”，那么住房问题的其他方面就不会显得那么刚性了，在租来的房子中，也照样能保持对生活的欲望、能够充满信心地对生活发展做出更好的规划。大部分青年人选择购房的更主要的考虑在于，产权房能让居住变得安定，不用担心“哪天会被赶出去”。质言之，现在的年轻人热衷于购房，未必都因贪图现成享受所致，很大程度上是房屋租赁市场不规范、不成熟，年轻人租不到称心的房子造成的。

再比如，近年来，人们一般普遍认为，“剩男剩女”万事哀，生活过得不快乐。然而，2010年，上海青年研究中心的研究人员的研究却显示——

被调查的上海市大龄青年总体上是快乐的。其生活快乐程度均值为7.19(最大值为10)。男性和女性的快乐程度均值分别为7.12和7.32。单身青年的生活快乐程度没有明显受婚恋状况的影响。半数单身青年表示，存在因为自己的单身状态而承受压力的状况，但压力主要来自自己(60%)，第二是家庭(28.6%)，第三是经济压力(8.6%)。面对未来的择偶长路，绝大多数单身青年表示很积极，很乐观。他们坚信自己会得到一份值得一辈子守护的真爱。

这些结论虽然明显相悖于人们的常识，甚至出人意料，却更接近真实。

毫无疑问，常识来自人们的经验积累和人际影响，它也是人们把握世界的重要成果。常识的产生受制于人们的价值观。有什么样的价值观，人们就可能形成相应的常识。比如，奉行一分耕耘一分收获的价值观，就可能以自己这代人艰苦创业的经历审视现在的年轻人，就可能形成现在的年轻人只会贪图现成享受的常识；常识的产生受制于人们经验的广度和深度，受制于人们把握世界的方式。盲人摸象，必然难以形成对大象全貌的准确把握。常识是刻板印象形成的重要基础。刻板印象是指个人受社会影响（常识是极其重要的影响因素）而对某些人或事做较为简单化的分类，并持稳定不变的看法。刻板印象可以简化人们认知事物的过程，但也会使人在有限材料的基础上草率做出具有普遍性的结论，从而难免以偏概全，妨碍人们正确把握世界。

要准确把握世界，我们就必须以事实材料为基础和依据，进行客观的、系统的调查，进行合乎逻辑的深入研究，从而获得可信、可靠的结论。上海青年研究中心的研究人员在关于住房问题的研究过程中，通过 300 份问卷（回收有效问卷 236 份，有效回收率为 78.6%）的调研，以及以“滚雪球”的方式对 16 个访谈对象的个案进行了深入的研究。在关于上海大龄单身青年的研究过程中，研究者选取了 128 名 23—35 岁的上海青年（其中男性 51 名，女性 77 名，样本青年均为单身未婚）为样本。在关于白领生存状态的研究中，研究者以大量翔实的数据和事实，令人信服地揭示了现如今许多白领“光鲜背后”的艰辛和负重。可以说，上海青年研究中心近期推出的关于“青年民生问题”研究的一系列成果，有效突破了人们的种种常识，打破了人们对当代青年的种种刻板印象。这与研究者尊重事实，严谨深入地开展调查研究有着直接的关系。

迪尔凯姆说：“人们在生活中所能形成的表象，在形成时既缺乏系统，又缺乏批判，没有科学的价值，应该排除在外。”[3] 常识包含着人们在生活中形成的大量表象，也包含着人们种种先入为主的价值判断。这就在帮助人们尽快形成对世界的粗浅感知之时，更容易使人们形成偏颇的独断的判断。因此，迪尔凯姆要求人们“在着手研究事实时，要遵循这样一个原则：对事实的存在持完全不知的态度；事实所特有的各种属性，以及这些属性赖以存在的未知原因，不能通过哪怕是最认真的内省去发现”。[4]

这几年，在人们心中，“80后”曾是“怪物”。但汶川地震等一系列突发事件发生后，他们又成为“天使”，其整体形象大起大落、大沉大浮。这一“过山车”式的认知过程与人们囿于常识先入为主的把握方式有关。这就告诉我们，只有破除凭借常识，以及由此形成的刻板印象把握对象的习惯和方式，戒除种种以常识面目出现的“先入之见”，开展深入细致的调查研究，我们才能更准确地把握“80后”的特征和特质。

近年来，关于青年学科建设的议论颇为引人注目，市面上也出版了一些“青年××学”之类的著作。推进青年学科建设，乃社会发展之需。然而，值得注意的是，一些“青年××学”之类的著作往往以缺少实证及逻辑辨析的常识和先入之见为根基。比如一些著作认为“青年最大限度地占有未来，是未来的代表”。这样的命题显然不太符合今天的社会现实——在今天的社会中，青年不仅仅是未来的代表，而且已经成为现实的代表。之所以如此，是因为“这些著作不但以独断一切问题为己任，而且以为用几页或几节就能说清最复杂的现象。这就是说，这样的理论所表述的并不是事实（事实是不可能这样迅速地弄清楚的），而是作者在进行研究之前对事实所持的先入之见”[5]。这样的研究成果也难以赢得学界的广泛认可。

对研究对象的准确把握是学科建设的基本前提。而青年研究对研究对象的把握迄今尚未完全摆脱以常识为基础的、“过山车”式的窘况。我们应该清醒地看到，这与青年学科建设的要求之间还存在着很大的差距。因此，首要的也许不是匆忙建立学科，而是要摆脱以常识和刻板印象为认知基础的似是而非的状况，努力准确把握变动不居的研究对象的特征和特质。要做到这一点，就必须遵循科学研究的规律，通过选题、界定问题、回顾文献、建立假设、选择恰当的研究方法、收集数据、分析调研结果等过程，广泛深入地开展严谨科学的调查研究。在此过程中，根据实际需要选择调查、田野观察、二手资料分析、查阅文献等恰当的研究方法是重要环节。只有这样，青年学科的建设才会有扎实的基础。从这个意义上说，上海青年研究中心关于"青年民生问题"的一系列研究，不仅其成果令人耳目一新，其研究方法和过程则更值得关注和赞许。它给了我们以下深刻的启示：

青年研究要关注青年面对的实际问题、社会和政府重视的现实问题；青年研究要走出书斋，走近乃至走进青年，通过深入细致的调查研究，准确把握动态变化中的青年生活、文化、思想的实际状况。在此基础上，辨析和建立有关核心概念，逐步形成概念体系，实践、提炼特殊的研究方法，逐步明确研究的范式，从而为青年学科的建立和发育打好扎实的基础。

（刊载于《上海青年管理干部学院学报》2011 年第 1 期）

参考文献：

[1] 张敦福. 现代社会学教程[M]. 北京：高等教育出版社，2006.
[2] [美] 詹姆斯·汉斯林. 社会学入门[M]. 林聚人，等译. 北京：北京大学出版社，2007.
[3][4][5] 谢立中. 西方社会学经典读本[M]. 北京：北京大学出版社，2008.

“补白”与“留白”

——读《青春奥秘——青年的历史存在与社会角色》有感

“补白”即填补空白，指主要用来填充报纸或期刊的空白的短文。“留白”是指书画艺术创作中，为使整个作品的画面、章法更为协调精美，让人进一步想象而有意留下相应空白的做法。本文借用这两个词，表达对谢昌逵先生在其近作《青春奥秘——青年的历史存在与社会角色》（以下简称《青春奥秘》）一书中所做的努力的感受和认识。这里所说的“补白”，是指该书的研究填补了青年研究的一些空白。在书中，谢昌逵先生对中国青年研究的元问题——什么是“青年”、青年的历史存在是怎样的等问题，进行了较为系统的历史梳理和较为深入的学理辨析；对20世纪80年代以来中国青年研究学术发展的基本脉络做了较为完整的梳理。这些梳理和辨析，一定意义上填补了中国青年研究存在的一些空白，具有多方面的借鉴和启示意义。而“留白”则是指谢昌逵先生的这部著作留下了一些有待于学界继续深入研究的问题。

一、理解“青年”内涵需要历史梳理

研究和讨论青年研究问题，我们首先要搞清楚什么是“青年”。这是青年研究领域的一个元问题。元问题就是“问题”背后的“问题”，是某个具体学术研究领域中最基本的问题。“青年”是青年研究领域最基础、最核心的概念，因为“青年”不仅标示了青年研究领域的基本对象和基本范围，也直接影响着相关学术研究的基本范式和方式方法。“什么是青年”这一问题，自然就是青年研究领域最为基础性的问题。长期以来，青年研究领域的种种争鸣，往往都与研究者们对“青年”这一基本和核心概念的不同认知和界定直接相关。事实上，对概念的界定，不取决于人们驾驭语言的能力，而取决于人们对概念所指事物认知和把握的水平。因此，要想准确界定“青年”这一概念的内涵和外延，从根本上说，需要人们对“青年”这一概念的历史文化和现实状况有全面的了解、深入的理解和准确的把握。一般情况下，一个概念的外延越大，人们把握其内涵的难度也就越大。“青年”概念也是如此。“青年”概念的外延极广。年轻力壮血气方刚之人是“青年”，老当益壮者往往被称为有“青年”之气质和精气神。年轻学子是“青年”，年轻工人是“青年”，年轻农民也是“青年”……在共时态语境中，“青年”何其多样。如何对其特点进行高度凝练的概括，以准确揭示其内涵？这不是一件容易的事。同时，“青年”又是变动不居的对象。时移世易，一茬又一茬人豆蔻初开，日长夜大，抬脚准备跨入“青年”门槛；一茬又一茬人花正艳、叶正绿，神采飞扬地成了“青年”；一茬又一茬人巴望着自己的果实，依依惜别“青年”，走向中年。“青年”是人生必经的一个阶段。千百年来，一茬茬“青年”前赴后继地登上人类社会的舞台，形成了深厚的文化积淀层。因此，在共时态语境中，“青年”具有无限多样性，而在历时态语境中，“青年”又意味着地质沉积层般层层叠加的历史事实。由此，要想准确提炼和把握可以涵盖古今中外青年的“青年特质”，人们就必须从共时态和历时态纵横交错的角度入手。

三十多年来，人们开展各种调研、把握各类数据，努力全面深入地把握

"青年"共时态的现实状况。然而,对现实(共时态)中的"青年"和"青年"的现实,青年研究却常常左支右绌,在理解和把握上非常有限。前几年人们对"80后""过山车"式[1]的认知和把握就是这方面的例子。对此,后文将做进一步分析。值得注意的是,相对于对"青年"现实状况的了解和把握不够,人们对"青年"的历史由来更是缺乏必要的梳理和研究。田杰指出,"没有对青年的历史认识,就不可能对现实中的青年存在和青年现象做出合适的解释。而缺少一种历史的视野、观点与方法,也将不可能对青年的未来做出合理的预期和展望。敞开历史视野,是中国青年研究走出碎片化、平面化、功利化等流弊与困境的重要途径之一"[2]。然而,三十多年来,中国"青年研究最缺的是历史"。这"包括两方面的意思,一是我们还没有把青年从历史的'嵌入'中挖掘和拯救出来,青年的历史还没有成为'被叙述的历史'或作为史学关注的对象,特别是在中国,历史的'宏大叙事'风格还没有多大转变,所以青年史除作为有着某种意识形态背景的历史叙述的对象外还没有真正成为历史科学研究的对象。在这样的学术背景下的青年研究是有着先天缺陷的"[3]。

谢昌逵先生近十年来系统研读文献,在《青春奥秘》中以10多万字的篇幅,对中国青年进行了历时态——中国(古代)历史、五四运动、改革开放、现代化进程——的系统梳理和深入辨析;对西方青年也进行了历时态——古希腊、古罗马、中世纪、人文主义传统、现代化——的系统梳理和深入辨析。这部《青春奥秘》就是他梳理和辨析古今中外"青年的历史存在"的产物。其中,他通过对人类独有的"青春期"的梳理和分析,从人类生命的本质需要和生命成长的过程出发,揭示了人类"青春期"和"青年"与人类文明的发展同步的事实。通过这种较为系统的梳理和辨析,他指出:青年是人类社会古已有之的一种历史存在和角色。"青年参与了历史进程的演化,历史也陶冶了青年人性的提升,青年与历史的合力贯穿了整个人类的历史。"[4]他借用田杰的意见指出:"青年的历史存在,不仅仅是一种经验事实,它更是一种古老的信仰……没有这一信仰,人类将看不到新生,直面的只有死亡。"[5]

对于尚处于“前科学”阶段①的中国青年研究来说，谢昌逵先生这些年的努力具有多方面的积极意义：其一，作为耄耋老人，谢昌逵先生的治学精神值得学术后辈学习，尤其是在学术研究领域同样急功近利浮躁之风盛行的情况下，他一心治学的追求无疑向青年研究界吹来了清风和正气；其二，谢昌逵先生系统梳理和深入辨析“青年的历史存在与社会角色”所取得的成果，填补了中国青年研究在“对青年的历史认识”方面的一些空白。对于青年研究的学术积累和发展来说，这本《青春奥秘》无疑做了大量具有“补课”意义的基础性工作，这既为后续研究者提供了非常重要的资料，也在学术研究方法和取向等方面提出了重要的建议，具有十分重要的指导意义。

二、从“年轻人”向“青年”的演化

长期以来，青年研究界“比较通行的看法是，青年作为一种特殊社会群体和社会力量的产生是在西方近现代工业革命之后，青年的产生是一种‘现代性的后果’或现代化进程中的伴生现象，青年历史叙事的起点自然也应是现代社会的开端”[6]。工业社会之后，才有青年的存在。这种说法有一定的道理，却也有些似是而非——在人类发展的历史长河中，工业社会以来的数百年只占很小的一段。如果说青年是工业社会的产物的话，那么，在工业社会之前漫长的古代社会中没有青年？或者说，青年没有自己的历史？

在我看来，认为青年是工业社会的产物的说法背后，其实隐含着这样的潜台词：“青年”不仅是一个年龄的概念，更是一种社会概念和文化事实。需要指出的是，这种认识虽然受到诟病，却启示我们，对“年轻人”和“青年”这两个概念要有所区分，不可混用。“年轻人”是一个年龄意义上的概念。毫无疑问，“年轻人”是随着人类的诞生自然存在的，意味着人类个体正处于人生中的某一年龄阶段。“年轻人”古已有之，而“青年”的出现则要晚得多。

① 参见：王颉：“前学科阶段的中国青年研究”，《社会学研究》1995 年第 6 期；黄海：“从青年研究到青年学——一种真问题与真学问相结合的文化人类学反思”，《湘潭大学学报（哲学社会科学版）》2005 年第 6 期；方巍：“关于青年研究学科化的思考”，《当代青年研究》2007 年第 4 期。

“青年”自然是“年轻人”，但是，“青年”又不等于“年轻人”，其意义又超越了“年轻人”，不再只是一个年龄上的概念。除了意味着年轻，“青年”还意味着一种特殊的生理心理特点、特殊的价值追求和特殊的文化内涵。“青年”更是一种社会概念，意味着与其他共时态群体之间存在着种种社会性差异。“使一代人真正成为一代人的，主要的不是他们的共时性，而是他们的共有性；代际的差异也主要不是年龄的差异，而是其社会性差异。”[7]因此，“并非是青年有没有自己的历史的问题，而是如何理解青年的历史”[8]。

问题在于，“年轻人”是如何成为“青年”的？在传统社会里面，“年轻人”分散在各个部落和各个家庭里面生活、成长，接受着前辈、家长的指导，学习各种各样生存和发展的技能。前辈、家长指导他们，指望他们接班，延续血脉。在部落和家庭中，他们更多是一种被教育的对象，被当作一种具有体能优势的重要劳动力。在此情况下，“年轻人”还没有体现出一种超越年龄的文化和社会阶层意义，还不是“青年”。“年轻人”成为“青年”，与“年轻人”的聚集形式和组织形态（比如学校、工厂，以及互联网等其他形式）直接相关。通过聚集，原先分散的“年轻人”得以相互交流，相互启发，甚至相互冲突。在交流、启发乃至冲突中，其原本各异的思想情感、价值理念激荡在一起，以远超一加一等于二的态势逐步交融，从而形成了种种为聚集在一起的众多成员普遍接受和内化的新的思想情感和价值理念。由此，“年轻人”聚集为一个新的社会阶层，“青年”诞生了。

我认为，这里有几个概念值得特别注意。首先是聚集。聚集是“年轻人”向“青年”演化的至关重要的环节。“年轻人”的聚集是一种值得特别关注的现象。“年轻人”的聚集，能够形成力量，并以几何级叠加。这样的群体一旦形成，往往会出现与主流社会相对立或融合等多种新情况和新问题。在古代，“年轻人”集群的规模很小，其聚集而成的小群体往往难以形成社会性的影响。随着时间的推移、技术的进步和社会的发展，“年轻人”聚集的方式越来越多样，聚集的规模越来越大。进入互联网时代后，几乎全世界的“年轻人”都可以非常方便地聚集起来。谢昌逵在《青春奥秘》中提到了游民、学生等“年轻人”聚集为群体的情况。游民，即古人所说的“恶少年”聚集而成的组织。这种组织往往具有反社会性，因而被主流社会、主流道德所不容[9]。中国晚清学堂中的学生群体，因其为主流社会所认可的社会地位而受到重视。其对推动社会发展的努力也逐步为社会所认同。即使当时不能被清政府所容忍，也会受到社会良知的欢迎，从而占据了一种道义上的制高点。“辛亥革命时，国内有学生 300 万人左右，是 1905 年的 12 倍。到 1916 年，学生数已近 400 多万人。‘五四’前夕，北京已有中高等以上学生 25 000 人”。[10]这些学生群体在社会上占据着优越的政治、经济和道德地位。因为聚集，“年轻人”在社会中体现出了群体的力量，为社会所广泛关注。

其次是平台。在“年轻人”成为“青年”的过程中，聚集的平台和方式，如学校、工厂、军营，以及当今的网络世界等，均具有不可或缺的作用。当然，因为狩猎、生产、军事等方面的目的，传统社会中的“年轻人”也会走出各个部落和家庭，而聚集为种种小团队。值得深入研究的是，学校、工厂、军营等具有明显制度化特征的正式平台，与“年轻人”中间的小团队、小群体等种种非正式平台各有什么样的特质？在“年轻人”聚集的过程中，各自发挥着怎样的作用？

再次是融合。“年轻人”通过各种平台聚集在一起，必然会出现不同思想情感和价值理念的交流、碰撞和融合等现象。“年轻人”原有的思想情感、价值理念的交流、碰撞，会融合形成一种新的物质，成为一种为相关“年轻人”普遍理解和接受，甚至奉行的新的思想情感和价值理念。即在“年轻人”中形成了一种相对统一的思维方式、行为方式和言语方式。新的思想情感和价值理念诞生，并通过言语和行为外显，就是“年轻人”成为“青年”的标志。“青年”由此拥有了自己的本质。

最后是包容。包容是双向的，既包括长辈操控着的主流社会对“年轻人”的态度，也包括“年轻人”对长辈所容身的主流社会的态度。很显然，主流社会对“年轻人”的态度，直接关系到聚集起来的“年轻人”能否拥有自由成长空间。斯巴达兵营中的年轻战士、传统手工业作坊中的学徒，虽然成天聚集在一起，但在上司和师傅的严格管教下，他们能否拥有必要的自由空间，从而交流、碰撞出被"年轻人"普遍接受，并逐步被主流社会认可的新的思想情感和价值理念？这是值得研究的问题。同时，"年轻人"对主流社会的态度，不仅直接关系到其自身的生长空间问题，也直接关系到其思想情感和价值理念的未来发展走向。

聚集、平台、融合、包容是"年轻人"向"青年"演化过程中的几个十分重要的节点，也是研究"青年"问题发生过程的重要概念。这些概念相互联系，共同构成了"青年"发生过程的历史与逻辑框架。很显然，研究和把握这些概念的内涵与外延，有助于更好地认识和把握"青年"是怎么来的、什么是"青年"等元问题。《青春奥秘》梳理了中西方青年的历史，以较大篇幅探讨了人类独有的"青春期"的概念，而对"年轻人"向"青年"的演化过程未做进一步的梳理，对上述这些概念未做提炼和界定。其实，撇开生理意义，"青春期"就是"年轻人"通过聚集、融合向"青年"过渡和演化的特殊过程。因此，缺乏对聚集、平台、融合、包容等概念的梳理和辨析，从一定意义上讲，是《青春奥秘》的美中不足。私以为，这也是这本《青春奥秘》留下的空白，有待于之后的青年研究者们开展更为深入的研究。

三、关注现实和梳理历史并重

中国青年研究尚处于"前科学"阶段。谢昌逵指出，"从总体上看，中国的青年研究至今还没有赶上发达国家的水平"。"不要说相比西方，与日本相比，这些成果仍然是凤毛麟角。"[11]为此，《青春奥秘》呼吁青年研究者们要"从青年的历史存在探讨青年"[12]，以强化人们"对青年的历史认识"。我以为，只有全面了解、深刻理解和准确把握历史上的和现实中的"青年"，才能真正推进中国青年研究走出"碎片化、平面化、功利化等流弊与困境"。"从青年的历史存在探讨青年"固然"是中国青年研究走出碎片化、平面化、功利化等流弊与困境的重要途径之一"，然而，这只是途径之一。从"青年"的现实存在全面了解、深刻理解和准确把握"青年"，也是一种重要的途径。"从青年的历史存在探讨青年”，与从“青年”的现实存在探讨“青年”，这两者不可偏废，也不可矫枉过正。

促进“从青年的历史存在探讨青年”与从“青年的现实存在探讨青年”齐头并进，需要青年研究者们关注以下两个方面的问题。

其一，把握好“分”与“合”的关系。“青年”不仅是年龄的概念，更意味着一种特殊的生理和心理特点、特殊的价值追求和特殊的文化内涵。因此，从“青年”的现实存在探讨“青年”必然涉及社会、政治、文化、心理、教育等多个方面，由此需要从多学科视角出发进行广泛深入的研究。学者们从不同学科视角出发，审视现实生活中的“青年”，取得多方面突破性成果。这是“分”。这些不同学科的研究成果之间逐步呈现出种种内在的同构性。而这种同构性恰恰是提炼、综合与抽象的基础。所谓“合”，就是在现有多学科研究取得多方面突破性成果的基础上，发现和把握同构关系，进行高度的综合与提炼，形成一种对“青年”的高屋建瓴的系统把握。“分”是基础，“合”则是升华。“分”的基础越厚实，“合”的成果则越过硬。多年来，几代青年研究者都在努力构建一门独立的“青年学”。应该说，“青年学”乃是在“分”的基础上水到渠成地“合”的成果。20 世纪 80 年代以来，多种“青年学”著作先后出版，“青年学”却始终难以得到主流学术界和教育界的认可。原因何在？我以为，“分”的基础不够厚实是关键。

谢昌逵先生在“第四章：青春期研究的发展历程”中，对 20 世纪 80 年代以来，学者们从社会学、心理学、教育学、政治学、文化学、人类学等多学科视角，运用多学科理论和方法进行青年研究的状况进行了梳理和辨析。他认为，这些研究“对一些重要的问题逐个做出了探讨和说明，青年的本质的解释就会更有基础”。确实，虽然在此过程中出现了“圈地运动”①等问题，但现

① 1991 年，我在一次笔谈中提出：“我所说的‘圈地运动’是指这些研究者的这样一种行为：在传统学科中，打上‘青年’界桩，以表明一种研究的地盘。就是说，‘青年’二字仅仅充当了界桩。然而，这对促进青年研究的实质性进展究竟有何补益？‘青年’仅仅是一种硬性规定的界桩，而不是作为一种该学科的质的规定性。”参见金大陆、陈英俊、包志勤、陆新和、刘宏森：“上海五人谈：当代青年研究的现状与走向”，载《中国青年研究》1991 年第 5 期。

在看来,这些努力使青年研究从多种主流学科中汲取了丰富的营养,取得了不少积极的成果,为刚刚起步的中国青年研究事业进行了可贵的"原始积累"。然而,"青年"是变动不居的。随着时代的发展和技术的进步,当下"青年"的群体和阶层分化日益显著。谢昌逵指出,20 世纪 90 年代中后期,中国社会分层步伐加快,出现了不同的社会阶层,阶层之间的边界越来越清晰。社会流动的门槛不断加高。[13]"青年"的意义越来越多元化。青年的"代际"演变时间在缩短,差异越来越大。人们围绕"80 后"的争论刚刚过去,对"90 后"的议论刚刚开始,"95 后"又被从"90 后"中细分出来。与此同时,"00 后"又随着武亦姝的诗词占据了人们的视听。当下"青年""世代"变迁的速率不断加快,令人目不暇接。面对处于急剧变化中、分化越来越明显的"青年"群体,多学科青年研究才刚刚开始,还不够扎实和深入,还缺乏真正"接地气"的、走进青年的研究,重大突破还不多见。青年研究者们对这些青年的了解还远远不够,研究更是远远不够,自然难以号准当下"青年"的"脉",自然难以有力回应"青年"的诉求,自然难以及时反映"青年"的现实。如此,青年研究的反应必然迟钝,有效回应必然匮乏。"合"——提炼综合的基础还非常脆弱。在此脆弱的基础上勉强构建的"青年学",何以能够得到广泛认可?因此,"要使青年研究得到学术界专家学者的认可,甚至成为一门'学科',在中国社科界登堂入室,现在需要的,也许不是人们为'学科'之成立而奔走呼吁,而是实实在在地进行研究的积累"[14]。这就需要青年研究者们"从青年的历史存在探讨青年",同时也从"青年的现实存在探讨青年",开展多学科的扎实和深入的研究("分"),为高屋建瓴的系统把握("合")进行实实在在的积累。

其二,努力构建学术共同体。布朗依在《科学的自治》中首次使用了"学术共同体"这个概念:"学术共同体是有志于学术事业、科学事业者形成的以学术创造、科学发展为宗旨的社会群体,其构成对象具有共同的学术信念、共同的价值取向、共同的行为规范。"[15]很显然,学术共同体具有"整体大于总数之和"的学术影响力,对于推进研究事业的发展具有极其重要的作用。

近十年来,“构建青少年研究的学科共同体”成为青年研究界不少学者议论的话题。一些青年研究学术研讨会在构建学术共同体方面也做出了努力。[16]现实生活中,也有一些志同道合的学者形成了一些相对松散的学术群体。大家关注相近的问题,采用大致相同的研究方法,借助日益发达的信息传播手段和途径,进行频繁的学术交流。

《青春奥秘》的写作与出版牵动了不少青年研究学者的注意力。谢昌逵指出:自己和田杰教授,“类似师生关系,其中没有任何责任和义务,既不是为了评职称,更不是为名利,而是为了共同的兴趣,为了学术的追求,也是我一生难得的经历”[17]。田杰教授全力支持谢昌逵先生的研究和写作。通过信件往来,他对谢昌奎先生研究、撰述过程当中的很多具体问题提出了许多非常具体和中肯的意见和建议。这些信件的学术水准很高,单篇就是好论文。同时,字里行间情感真挚,充分体现了两代学者之间的惺惺相惜。2016年以来,《青年学报》以《关于青年与历史的通信》为总标题,分多期刊载了田杰先生和谢昌逵先生之间研讨青年与历史问题的学术信件。除了田杰,金志堃、沈杰、孙抱弘、高中建等学者也同声共气,给予谢昌逵先生很多的支持和帮助。这些学者对中国青年研究领域的过去和当下存在着的问题大都有着较为清醒的认识,开展过多种形式的青年研究学术批评①。他们都很看重青年研究的学术(理论、方法)基础性研究和元理论研究,连续多年举办专题研讨会,研讨青年研究基础理论建设等重大问题,达成多方面的共识。他们都有推进中国青年研究事业的共同信念,有对青年研究事业做出贡献的价值追求。从一定意义上讲,在《青春奥秘》写作和出版的过程中,似乎隐隐约约呈现了一个“从青年的历史存在探讨青年”的学术共同体的雏形。

然而,在当今中国青年研究领域,学术共同体的构建更非易事。这个问题涉及研究人员的专业构成、学术志趣、研究能力等内在因素,以及学术环境、政策制度等多种外在条件。我以为,促进学术共同体的构建,需要多学

① 2007年,谢昌逵、沈杰、陈亮等多位青年研究学者发表学术批评文章,对中国青年研究领域存在的问题进行反思。这些反思文章引起了学界的广泛关注。

科学者自身的努力，也需要学术机构、学术期刊通过学术研究选题等载体，吸引多学科学者参与青年问题研究，在此过程中，逐步形成以多学科视野观照青年和青年问题的学术团队和学术共同体，更需要各类科研主管部门切实优化科研管理的各项政策制度，尤其是要强化学术研究资源的配置和支持，为学术共同体营造诞生、生存和发展的土壤。

（刊载于《青年学报》2017 年第 4 期）

参考文献：

[1] 刘宏森. 走下“过山车”——关于对“80 后”认知问题的一些思考[J]. 山东省青年管理干部学院学报，2009(2).

[2][3][6][8] 田杰. 青年研究：敞开历史视野[J]. 青年学报，2017(2).

[4][5][9][10][11][12][13][17] 谢昌逵. 青春奥秘——青年的历史存在与社会角色[M]. 北京：中国发展出版社，2017.

[7] 袁贵礼. 中国青年的世代与第六代青年的诞生[J]. 中国青年政治学院学报，2015(3).

[14] 刘宏森. 青年研究：在“接地气”中走进青年[J]. 青年发展论坛，2017(1).

[15] 罗时进. 真正的学术如何得到辩护[N]. 社会科学报，2012-04-19.

[16] 何芳. 构建青少年研究的学科共同体——第三届青少年研究基础理论建设研讨会综述[J]. 当代青年研究，2010(7).

学术批评：青年研究亟待填补的洼地

一、青年研究缺乏学术批评

学术批评主要指通过对学术研究的状况和成果进行分析和研究，揭示学术研究取得的进展和成就，对学术研究的过程、学术研究队伍中存在的缺憾和问题进行梳理和分析，以促进学术界正视并解决相关问题。某种意义上说，学术批评就是给学术研究的实践号脉、诊断、开方，旨在促进学术研究的健康发展。“学术批评旨在发现理论探索的合理趋向。”[1]学术批评的形式多种多样，主要包括对某个具体学术成果（论文、著作）的学术评论，对某阶段某方面研究状况的综述，对研究界某种倾向和趋势的揭示和辨析，以及学术争鸣等。

学术研究都离不开学术批评，青年研究也不例外。其理由主要包括以下三个方面。

其一，青年研究耗费了几代学者拓荒耕耘的心血，取得了不少优秀的研究成果，在推进青年工作，促进社会发展的过程中发挥了重要的作用。但多年来，这些耕耘之功却鲜有点评，乏人喝彩。因此，围绕学者们的学术研究成果开展研讨和评论，为学者们筚路蓝缕的学术研究工作“鼓”与“呼”，客观上可以更好地传播和扩大学者们学术研究的社会影响力，这既是对学者们进行学术研究的一种应有的激励，也是对学者们的学术研究成果实现现实转化的一种有效推进。

其二，长期以来，青年研究被隔离于社会科学的“学科”之外，“青年学”难以得到传统学界和社会的承认。其原因何在？这就需要通过学术批评检视青年研究的学者们对问题的把握是否准确精当，研究的方法是否科学合理，对问题的分析是否深刻、精辟、到位，思考和策略是否恰当、可行。毋庸置疑，此种辨析和评论有助于促进学界直面现实，反躬自省，更好地把准问题，更加严谨规范地开展学术研究，更加深入地进行挖掘和分析，更加精当地进行应对和提出建议。这是青年研究提高学术化水平，加强学科建设应有的一种态度和作为。

其三，自 20 世纪 80 年代中国青年研究事业起步以来，几代学者发表的每一篇优秀论文，出版的每一本优秀著作，都是建造中国青年研究事业大厦的重要基石，都构成了中国青年研究事业不可或缺的有机组成部分。对学者们的研究成果进行评论和分析，其实也是对中国青年研究事业发展现状和脉络的一种梳理，是对几代学者共同走过的研究之路的回望，也是对学术前路的瞻望。青年研究没有现成的路可走，学者们既要埋头拉车，也要抬头看路——看看身后走过的路，看看脚下走着的路，看看前方可走的路，看看别人走的路。学术批评正是抬头看路之举。

为此，近年来，有一些学者对促进学术批评做出了努力。比如，沈杰在《青年研究向何处去?》一文中批评了青年研究走向专业化的过程中容易出现的两种偏颇：“一是，看到学科的地方看不到青年”“二是，看到青年的地方看不到学科”(2002)。陈亮在《我们的青年研究缺什么?》一文中批评了中国青年研究中存在着的四大痼疾：问题意识淡漠、研究定向单一、互动关系脱节、批判立场缺席等(2002)。陈亮指出，这些问题得不到妥善解决，势必会导致青年研究长期处于低水平重复的境地，直接影响到青年研究的健康发展和青年学科的建设。其他如赵宪生《正视问题，找出差距，再创辉煌——谈我国青年研究的现状》(1997)、马德峰《社会调查方法在青年研究中的应用现状——对292篇社会调查报告的分析》(2001)、黄志坚《青年学在中国的发展》(2005)、黄海《从政策性的青年研究到解释性的青年研究——一种真问题与真学问相结合的文化人类学反思》(2006)、谢昌逵《对中国青年研究的反思》(2007)等论文，都是近年来青年研究领域具有较大影响力的学术批评作品。此外，2007年，《当代青年研究》等研究机构进行了中国青年研究大反思。学者们就建立"青年学"、青年研究的学科化何以成为可能、学科化的标准究竟是什么等问题进行了批评和论争。2007年因此被称为"反思年"。[2]2008年，在第四届中国青少年发展论坛上，学者们系统梳理了中国青年研究事业发展的脉络，对中国青年研究发展的路径、内容、方法、问题等进行了盘点、辨析和批评。有论者指出：这些反思"对青年研究、研究群体自身的处境与状态、优势与劣势、成果与问题、努力的方向与发展目标等，都做了较为全面和较为深刻的梳理和分析，展现出近二十年来不断反思的更高理论自觉、学术自觉、学科化自觉和问题意识自觉"[3]。

然而，我认为，学术批评在青年研究领域总体上还处于低语，甚至失语状态。这一点在我对《青年研究》《中国青年政治学院学报》《中国青年研究》等核心期刊2011—2012年发文情况所做的粗略统计结果中得到了证实。结果显示，这三家核心期刊于2011—2012年两年间各自所刊载的青年研究学术批评类文章所占比例总体很低。《青年研究》2011—2012年共发表了107篇文章，其中有4篇学术批评的文章，约占3.7%：李春玲等《新时代的新主题：2007—2010年青年研究综述》，王晴锋《生存现状、话语演变和异质的声音——90年代以来的同性恋研究》，吴小英《青年研究的代际更替及现状解析》(上、下)，风笑天《三十年来我国青年研究的对象、主题与方法——对四种青年期刊2 408篇论文的内容分析》。《中国青年政治学院学报》2011—2012年发表了约330篇文章，其中有7篇学术批评的文章，约占2.1%：王彬《全球化语境下青年研究的范式转换》，喻国明《媒体融合下学术研究的关键》，赵莉《社会网相关理论及研究的回顾和思考》，陈亮《青年研究发展中的几个解释性概念》，卫甜甜、张波《浅议青年研究的传承与发展》，陆玉林《现代性境域中青年问题的理路》，芮鸿岩《核心价值体系引领校园文化实现机制研究综述》。《中国青年研究》2011—2012 年约发表了 603 篇文章（不含卷首语等），其中学术批评类文章 13 篇，约占 2.1%：孙湛宁、徐海鸥《青年政治意识表达研究述评》，袁潇、风笑天《青少年手机需求及使用行为研究现状》，黎陆昕《青年研究应用价值探寻》，王新《中国少年司法热点问题概览》，田蕴祥《国外组织成员世代研究述评：概念、议题与展望》，黄佩《国外网络自我展示策略研究述评》，刘宏森《"数据当家"与实证研究》，昝玉林等《论青少年网络使用研究视角的发展》，王善峰《新世纪以来我国情感教育研究的文献分析》，李雅儒、毛强《关于"蚁族"群体问题研究综述》，白凯、李建玲《国外关于创业者素质特征研究现状述评》，干伟溢、陈璇《流动少年儿童的社会支持研究述评》，郭海良《青年研究方向探略——2011 年青年研究类期刊发文情况解读》等。

笔者的这种观点也得到了孟莉的研究的支持。孟莉对《青年研究》《当代青年研究》1994—2003 年发表的 1 943 篇学术论文做了计量分析。她指出：两刊发表的"青年学学科体系的建构及国外青年研究"方面的论文"数量极少，总数为 102 篇"。"（102 篇）论文中涉及青年学学科体系的研究比例占 48%，研究方法占 33.3%，青年理论与青年观占 18.6%。"[4]

事实上，这种学术批评失语的状况，前几年就受到了不少学者的批评。陈亮指出：我们的青年研究中存在着"批判立场缺席"的痼疾[5]；田杰指出："从青年研究的学术氛围上，还有一个最重要的问题亟待引起重视，即无冲突。""20 世纪 30 年代前后，国内学界曾就五四运动及其后的学生运动、青年运动问题有过比较激烈的争论。20 世纪 80 年代中期前后，国内学界曾就青年研究的学科属性、学科化问题有过争议，但只局限于一个较小的范围。除此之外，关于青年研究的冲突、分歧、争论极少出现。而且，前两次的争论也并没有在学术层面有较深入的进展，并且持续时间也很短暂。这种状况显然是不利于青年研究不断走向成熟和持续发展的。”[6]总之，事实说明，学术批评事实上已经成为青年研究领域的一块学术洼地。

二、学术批评匮乏的原因

学术批评的重要性不言而喻，却长期处于低语甚至失语状态，成为青年研究领域的一块学术洼地。需要追问的是，此种局面何以会形成并长期存在？在我看来，这可能与以下几个方面的原因有关。

第一，片面理解“问题导向”。多年来，“问题意识”和“问题导向”在青年研究界已经深入人心。人们普遍认同青年研究应坚持问题导向，紧盯和回应种种青年现象和青年问题。的确，在当代中国社会遭遇“三千年未有之大变局”，社会发展日新月异的情况下，青年现象和各种青年问题层出不穷，令人应接不暇，学者们需要面对和研究的问题很多。为此，自从20世纪80年代中国青年研究起步以来，努力把握和梳理各种青年现象和青年问题，深入辨析现象和问题背后的深层原因，提出破解青年问题的应对之策，成为许多青年研究者关注的焦点。青年研究者们出问卷、搞统计、做分析、提对策，忙个不亦乐乎，而关注并开展学术批评的精力和时间则相对少了很多。

不过，忽视学术批评不仅仅是精力和时间分配的结果，也与人们对“问题导向”的理解有关。很显然，人们对“问题意识”和“问题导向”的认识和理解更多还集中在青年问题方面，却常常忽视了青年研究自身存在着的种种问题，而这本身也是坚持问题导向的一个重要方面。因此，人们对问题导向的这种认识和理解无疑是有些片面的。从此片面的认识和理解出发，人们自然不大会经常性地回顾青年研究自身存在的问题。学术批评自然常常处于低语，甚至失语的状态。

第二，学术焦点尚未聚集。与很多传统学科、主流学科相比，青年研究还是一个新的领域，可供学者们纵横驰骋的空间很大。学者们进入青年研究领域这片“处女地”后，必然要耗费精力整理纷繁复杂的青年现象和青年问题，以各学科理论、方法为知识基础和能力背景，确定自己关注的范围和对象，铺摊子、占地盘，甚至“圈地”[7]。在此过程中，一方面，学者们的学科背景不同，难免众声喧哗，“南腔北调”，缺乏相对集中的共同话题，无法深入探讨一些实质性问题，也难以在短期内形成学术聚焦；另一方面，“多数研究者只是从各自相关的领域研究相关的青年问题，未把青年学学科的整体发展与研究当成己任”[8]。

学术研究的规律告诉我们，当学术研究向着纵深推进到一定深度的时候，人们往往会从四面八方汇聚到一些深层次和具有逻辑原点意义的问题上来，深入挖掘一些根本性的问题。比如，研究青年文化问题，学者们一般都会关注自己熟悉的具体领域，从中选择具体的课题和切入的角度。有的从流行文化现象切入，有的从传统文化教育切入，有的则从现代文化工业对青年及青年文化的影响切入，如此种种，不一而足。不过，虽然学者们各自涉猎的具体领域和具体问题不同，切入的角度不同，但当研究深入到了一定的程度，他们不可避免地都要回到逻辑原点，回答什么是“文化”，什么是“青年”等问题，都要对“文化”“青年”等基础概念的内涵和外延进行界定和诠释。由于各自的知识背景和方法论不同，学者们对这些字面上完全相同的基础性概念的界定也难免会有所不同，有时甚至差异很大。于是，他们相互间便会形成争论。除了对概念进行不同的界定和理解之外，对问题的不同把握、对实证研究的具体方法和实施路径的选择、对理论观点的理解、对深层原因的挖掘、对论据和论点的结合、对应对策略的得当与否等方面，都有可能引发学者们的不同意见和争论。从这个意义上说，学术批评恰恰是学术研究向纵深发展，真正走向繁荣的表现。而无批评、“无冲突”的状况，则体现了青年研究尚在浅层徘徊的真相。诚如黄海所说：“成果的日益增多依然不能掩盖学科建设的苍白与虚弱，在繁华和热闹的背后，实质是学科建设的停滞和学理边际效益的减少。”[9]

第三，学术视野狭窄。学术批评需要人们非常熟悉被批评对象，了解和理解被批评对象学术研究中存在的问题以及这些问题产生的深层原因。这就需要学者们关注整个学术界的状况并具有开阔的学术视野。而学术视野又与学者们的阅读面和涉猎面直接相关。学者们自然是博览群书、见多识广的。然而，对青年研究界的现实状况，特别是青年研究学术期刊，学者们却未必了解得很全面。一般情况下，学者们会关注几家核心期刊，会通过中国知网等渠道阅读青年研究的重要成果。这往往是为了研究收集资料，而不是为了了解和把握青年研究学术界的整体动态。毋庸讳言，他们一般情况下不太会去关注一些青年研究的普通学术期刊及其所刊载的学术成果。

在青年研究领域，“普通学术期刊”主要包括全国各省市青年院校主办的学报。它们数量众多，可谓占据了青年研究的大半壁江山。这些期刊中往往有一些特色栏目和特殊关注领域，对青年研究领域具有重要的题材拓展的意义。从总体上看，这些期刊集聚了青年研究领域的大部分研究者及其研究成果，既是青年研究的重要载体，也是青年研究领域诸多问题的重要集聚地，甚至是“重灾区”。学者们批评的“看得到青年的地方看不到学科”“看得到学科的地方看不到青年”“四大痼疾”，以及“宏大叙事”“数据当家”等现象和问题，在这些学术期刊中都得到了更广泛、更充分的体现。从某种意义上说，恰恰是“普通学术期刊”更真实地体现了青年研究领域低水平重复的现实，更真实地体现了青年研究队伍良莠不齐的现实状况。对这大半壁江山的具体情况缺少了解和把握，青年研究学者们的学术视野自然难说十分开阔，自然也难以准确把握到青年研究自身真实存在的种种问题。

第四，批评武器的匮乏。学术批评是一项艰难的工作，需要批评者拥有精良的批评武器。批评的武器主要指深厚的理论素养和较强的科学研究能力，同时还要求批评者具有良好的把握问题（选题）的能力、运用相关理论的能力和运用相关研究方法的能力。

首先是对问题（选题）的把握能力。所谓“问题意识”直接表现在研究的选题上。选题反映了研究者对问题的关注与把握的实际状况和能力水平。批评者应该善于敏锐发现研究者对问题的把握是否准确，是否体现了良好的发现问题的能力。现实中，许多研究者在选题时要么“不约而同”地选择同一类选题，使诸多学术期刊和著作选题重复、雷同；要么选择一些老生常谈的问题，却又不能对老问题生发出新见解；要么选择一些大而无当的选题，直接导致论著泛泛而谈、内容空洞。此类研究成果越多，对青年研究虚假繁荣的“贡献率”就越高。所有这些都暴露了相关研究者在选题时缺乏个性和独立思考能力的问题，由此亟须通过学术批评进行辨析和调整。

其次是把握和运用相关理论的能力。批评者自然应该具有某种传统学科的知识背景，熟悉相关学科的经典理论及其发展，同时，也应该熟悉其他相关学科的一些经典理论。这不是要求批评者全知全能，精通多学科的理论和方法，而是要求批评者具有较强的学术迁移能力，即准确把握逻辑关系、合理整合论据和论点的能力。不同学科的理论内涵差异虽然很大，但在基本的逻辑规则方面则面临着共同的要求。质言之：学科不同，但其基本的逻辑要求却并无根本的不同，都需要以可靠的论据和符合逻辑规律的推理得出某一必然的结论。这其实就是学术规范的核心要求。因此，批评者不必是个全知全能的学者，却应该具有较强的学术迁移能力，善于把握和运用多学科理论分析和解决问题。

最后是运用相关研究方法的能力。批评者应该非常熟悉社会科学研究的一般方法和青年研究的一些特殊方法，能够灵活运用定性和定量研究，能够准确把握研究者在相关研究中运用了哪些研究方法，并判断其是否运用得当。比如对20世纪90年代以来青年研究界普遍重视和采用的实证研究方法，批评者应该善于质疑一些实证研究的问题假设、问卷设计、抽样策略、统计方法、结果分析等环节，以及“效度”和“信度”等方面存在的问题。

毫无疑问，青年研究界不乏拥有精良批评武器的研究者。这些年发表的一些学术批评成果早已明明白白地体现了他们作为批评者的良好学术素养。但问题在于，一方面，这样的研究者在整个青年研究界尚属凤毛麟角；另一方面，他们尚未形成学术聚焦和学术批评的合力，而合力则来自心意相通的学者们形成的相对稳定的研究群体和学术共同体。正如田杰指出的那样：“研究群体的相对稳定、学派的不断衍生分化、学术共同体的形成等是产生‘异见者的争论’必要的前提条件。”而相对稳定的研究群体和学术共同体之形成，不应该仅仅是少数学者自发而为、自生自灭的产物；它离不开学界的精心培育，需要学界搭建平台，提供载体，创造机会和条件。

第五，"好人主义"的盛行。开展实事求是的学术批评，既谈被批评的学术成果在学术上的贡献，也谈研究及其成果中存在着的问题和困难，并为解决这些问题和困难提出新的思路，在"破"的同时，做到"立"，这应该是学术批评的题中应有之义。然而，现实生活中，学术批评者却常常面临在人情和学术之间进行选择和平衡的难题。显而易见的是，在中国，学术批评者面临的选择和平衡的难度更大。

这一方面与中国社会中"多栽花不栽刺"的"好人主义"传统有关。近年来，这种"好人主义"又披上了"情商"的外衣，在整个社会生活中颇有市场。毋庸讳言，青年研究界同样难以避免这种"好人主义"雾霾的侵袭。对他人的文章往往好话说得多，而不同的意见，特别是对相关研究成果中存在的问题的评论、分析和意见，则常常被"瑕不掩瑜"之类的轻描淡写一笔带过。实在说不出多少好话的，索性就缄口不言，批评的话、得罪人的话是绝对不会轻易去说的。

另一方面，这也与不少人写论文、发论文，本来只是为了"挣工分"、完成年度考核指标有关。文章发表了，变成了铅字就算完成任务了。至于文章质量、学术水平云云，考核条例中并没有什么要求。在这种情况下，实事求是地开展学术批评，往往既要遭到被批评者的腹诽，又要惹旁观者心中嘀咕：何苦为难这些作者呢？他们也只是为"稻粱谋"而已。于是，学术批评被这种"好人主义"的一团和气给融化、消解了。

以上几个方面的问题是造成学术批评成为青年研究领域学术洼地这一现实的原因。值得注意的是，批评的缺位和上述几个方面的问题既同时并存，又互为因果：问题导致批评缺位，批评缺位助长问题泛滥。这就形成了一个恶性循环的怪圈。青年研究要跳出这一怪圈，别无他法，只有依靠自身付出更大的努力。青年研究界必须大力鼓励和推进学术批评，针砭时弊，辨析良莠，梳理问题，深挖原因，促进青年研究剪除横逸斜出的"杂枝乱条"，灭除种种“病虫害”，使青年研究更加健康地发展、成长，以更加优秀的研究成果为导向，豪迈无愧地跻身社会科学之林。

三、多管齐下促进学术批评

在青年研究大规模起步三十多年后的今天，建立和完善“学术上的反思性机制”（沈杰，2002）应该成为青年研究界的一项重要而紧迫的工作。

如何建立这种“学术上的反思性机制”？在我看来，学术批评是学术反思的基础性工作，而反思性机制意味着学术批评的常态化和制度化。因此，要建立这种“学术上的反思性机制”，就必须充分整合多方力量，充分利用现有的条件，努力搭建多种层次、多种形式的学术对话平台，积极推进学术批评的常态化和制度化。

首先，充分发挥中国青少年研究会等青年研究学术机构的组织协调作用。中国青少年研究会是“全国性学术类社团 4A 等级”的社团。作为国内青少年研究的最高学术机构，中国青少年研究会有责任，也有能力充分发挥其不可替代的权威影响力和重要导向力，把学术批评放在重要的位置，整合多方力量，引导青年研究界的专家和学者关注和开展学术批评，并将学术批评作为一项长期的工作来抓。

具体而言，中国青少年研究会可以充分发挥中国青少年发展论坛的平台作用，利用举办年度论坛等重要学术活动之机，征集学术批评论文，引导学者们开展学术批评。事实上，近年举办的年度论坛上，有不少学者提交了学术批评类的优秀应征论文。如 2008 年，高中建、闫立超提交了《回顾　反思　展望——中国青年研究学科化进程 30 年》；2009 年，方奕提交了《〈中国青年研究〉引文及传播的量化分析》；2011 年，方奕、王桂琴提交了《我国青年研究类学术期刊发展的量化分析》等优秀论文。这说明，有不少学者在关注着青年研究界的动向，并在学术批评方面做着艰辛的努力。这体现了他们对提升青年研究学术水平的拳拳之心和不懈努力。论坛举办期间，组委会还可以开设“学术批评”分论坛，引导和组织学者们对年度青年研究的状况进行盘点和梳理，总结成绩和经验，揭示存在的问题，明确未来改进和完善的方向与路径。总之，论坛应该因势利导，从论坛议题的确定、征文选题的发布、分论坛的安排、奖项的设置等多方面入手，引导专家学者们进一步关注青年研究学术批评，使学术批评成为青年研究领域中的一项重要内容，成为促进中国青年研究事业健康发展的重要助推器。此外，研究会还可以充分发挥“团中央青少年和青少年工作研究课题评审”等平台的作用，发布学术批评类课题，引导和组织学者开展青年研究学术批评。

其次，充分发挥青年研究学术期刊的平台作用。目前，青年研究学术期刊主要包括《青年研究》《中国青年研究》《中国青年政治学院学报》和《当代青年研究》，以及各省市青年院校主办的学报。这些学术期刊已经成为系列化的平台和阵地，在三十多年中国青少年研究事业的发展中功不可没。进一步发挥这些学术期刊在学术批评中的作用，需要各期刊在开展学术批评方面有更大的作为。

为此，学术期刊应密切关注青年研究界的学术动向，及时了解青年研究的最新论著、课题等学术研究成果；善于从这些成果的选题、研究方法、论证过程、研究成效等方面敏锐把握值得学术界学习和借鉴的成功经验，以及一些具有普遍性和趋势性的问题；组织相关专家学者撰写批评文章，以对某一具体学术成果的具体分析和评说为抓手，举一反三，以引起青年研究界的关注和借鉴。

比如《上海青年管理干部学院学报》专门开设了“阅读青年”栏目，旨在推进学术批评。2013 年第 2 期、第 3 期各刊载了一组学术批评文章，分别对沈杰的新著《青年对社会变迁的反应》、孙抱弘的新著《从人到好人》进行了学术批评。

以沈杰的《青年对社会变迁的反应》为例。在该书中，沈杰力图“通过对以往有关研究工作的总结，建立一个相对稳定、长期适用并且具有一定实际可操作性的对中国青年社会心理及其变迁做出有效观测的研究框架”，“提出一个对学术界尤其是对青年研究界具有一定学术价值的研究中国青年社会心理现状、分析中国青年社会心理变迁及其轨迹并全面系统地积累中国青年社会心理变迁观测资料的一项科学的研究工具”。对此，田杰在《上海青年管理干部学院学报》2013 年第 2 期撰文指出：《青年对社会变迁的反应》抓住了世代问题、价值观问题等几个基本的和比较重要的方面，提出了一些有价值的见解，填补了系统性研究青年社会心理变迁的空白；但也存在着对世代理论的分析论证有些粗疏和普泛，一些材料的来源比较单一等不足。这样的学术批评针对性强，有助于相关学者在后续的研究中引以为戒。

同时，学术期刊可以有计划地组织专家和学者研讨和把握学术研究过程中的一些前瞻性、趋势性、普遍性的问题。比如，《当代青年研究》2007 年开辟“理论反思”专栏，“约请新老专家、学者，对三十年来的青少年研究进行总结反思，并就研究的发展前景与基础理论的建设各抒己见”。同年 4 月，中国青年社会学研究会和《当代青年研究》合作举办了青年研究基础理论建设研讨会。由学术期刊牵头举行的这类学术批评，对青年研究、研究群体自身的处境与状态、优势与劣势、成果与问题、努力的方向与发展目标等，都做了较为全面和较为深刻的梳理与分析，体现了青年研究界“更高的理论自觉、学术自觉、学科化自觉和问题意识自觉”。对于青年研究事业的发展来说，这种自觉是必须的。而学术期刊在这些方面的自觉，应该先行一步。

最后，根据青年研究的实际情况，适时组织小型研讨会。近年来，不少省市的青少年研究所、青年院校、学术期刊分别主办了不少青年研究专题研讨会。在关注一些重大的青年问题的同时，这些研讨会也对青年研究的现状进行了深入的学术批评。比如上海社科院青少年研究所连续多年和一些大学、机构联合举办研讨会，关注青年学学科建设、基础理论研究等专题。北京市青少年研究所连续三年主办研讨会，围绕“社会科学与青年研究的创新”等议题展开学术研讨。上海青年管理干部学院举办“青年学科建设与发展”研讨会，对青年学科建设中的元问题、基础与应用、定性与定量、政治与学术等具体问题进行了深入的探讨。这些学术研讨活动中，学术批评往往成为研讨的重要内容。此类做法值得借鉴和推广。

学术批评是青年研究学术积累、学术提炼、学术提升的重要途径。学术批评梳理并检视现有研究成果，帮助学界总结成功经验，归纳失败教训，有助于学术的沉淀和积累；学术批评以高度的学术自觉针砭时弊，提出改进、提高和优化的合理意见，有助于促进青年研究向着更加自觉的方向迈进；学术批评淘汰青年研究中的伪劣产品，揭露虚假繁荣的实质，有助于促进青年研究学术水平的提升。缺少学术批评的青年研究，往往难免“熊瞎子掰苞谷”，少有学术积累的结果；往往难免行旅之人埋锅造饭后唯余一地鸡毛、烟熏火燎的结果；往往难免瞎驴拉磨，永远也走不出小圈子的结果。学术批评这块学术洼地应该被填平，为青年研究、青年学学科建设和发展驶上快车道奠定坚实的基础。

（刊载于《当代青年研究》2014 年第 5 期）

参考文献：

[1] 张志刚. 宗教研究指要[M]. 北京：北京大学出版社，2005.

[2] 方巍. 关于青年研究学科化的思考[J]. 当代青年研究，2007(8).

[3] 蒯辙，蔡富有，等. 青年塑造未来（2007 论文精选）[M]. 北京：中国经济出版社，2008.

[4] 孟莉. 十年来我国青年研究现状的计量分析[J]. 青年研究，2004(5).

[5] 陈亮. 我们的青年研究缺什么[J]. 青少年研究与实践，2002(1).

[6] 田杰. 关于青年研究代际更替问题的几点思考[J]. 中国青年社会科学，2012(1).

[7] 金大陆，陈英俊，包志勤，等. 上海五人谈：当代青年研究的现状与走向[J]. 中国青年研究，1991(2).

[8] 孟莉. 十年来我国青年研究现状的计量分析[J]. 青年研究，2004(5).

[9] 黄海. 从青年研究到青年学——一种真问题与真学问相结合的文化人类学反思[J]. 湘潭大学学报（哲学社会科学版），2006(1).

警惕“学术虚胖症”

——浅议青年研究中的“宏大叙事”

一、青年研究中的“宏大叙事”

宏大叙事，一般指包含着许多抽象概念、宏观理论、普遍性原理等在内的一种科学研究风格。具有这种风格的研究，往往习惯于按照开头—中间—结尾的顺序进行仿佛“全景式”的叙述（an all-embracing story）和谋篇布局。宏大叙事需要人们首先全面准确地把握种种有意味的具体现象和生动细节，在此基础上进行纵向开掘，对其中所蕴含着的普遍性、本质性、线索性的问题进行归纳和提炼，形成普遍性认识；在对无数特殊情境进行具体考察、辨析和综合的基础上，提炼形成一种普遍性的结论。[1]在历史学、哲学等学科中，宏大叙事作为一种研究风格，具有非常重要的作用。

通过研读大量青年研究的成果，我们可以清楚地看出，时下的青年研究中，“宏大叙事”是一个值得关注的现象。这里的“宏大叙事”借用了前面所说的宏大叙事这个概念，但又表现出另外一层含义。在青年研究中，“宏大叙事”主要表现为以下几个方面。

（一）“站在历史尽头看全貌”——选题所涉及的时间跨度太长

在不少青年研究文章中，其选题往往动辄纵跨“当代”、“改革开放三十年以来”、新时期以来、社会转型期、“我国城市化进程中”、“中华人民共和国成立以来”等很长的时间跨度，给人以“站在历史尽头看全貌”之感。

时间跨度越大，必然意味着作者必须面对的种种情况就越复杂。然而，论文的篇幅非常有限，难以尽显某一领域某一长时间跨度之中的种种复杂情况和种种风云变幻。这就在客观上使得人们不得不舍弃细节、免于深究，只能匆匆用几根粗线条勾勒出此一时间跨度内事实的大致轮廓。这就难免会造成走马观花、浮光掠影之感。不少青年研究的文章也就只能抛给人们几根横逸斜出的粗线条，而且，那些粗线条之间也往往缺乏内在的逻辑联系，难以形成一种内在的精神脉络，以帮助人们把握相关时间跨度内事物发展的关键性因素和本质性特征。

（二）“站在珠峰顶上看世界”——选题涉及的空间范围太广

不少青年研究文章往往以中国青年、当代青年、当代大学生等为研究对象，却并未具体明确是东西的还是南北的，是沿海的还是内地的。比如“中国大学生政治参与的嬗变”这样的选题，无视中国大学生有文、理、工、医、农科之分，有东、西、南、北之分，有学历层次之分，是个内部差异化明显的群体这一现实，却把“中国大学生”作为一个笼而统之的整体进行研究。如此，“中国大学生”便成为一个影影绰绰的对象。这样的研究难免以偏概全，或难免张冠李戴、一叶障目，难以准确把握住“中国大学生政治参与的嬗变”的真实过程和特质。

有的文章以某一个涉及范围极其广阔的领域为选题，比如以“青年思想政治教育”“青少年工作中存在的问题及对策”“青少年犯罪问题研究”等为主要的研究对象。此类文章的作者仿佛站在珠峰顶上总览该领域之全貌，站得够高，看得够远。然而，除了一些边际并不鲜明的轮廓以外，其对相关领域的把握和辨析同样模模糊糊。这样的文章选题足够“宏大”，却难免泛泛而谈，难以帮助人们更好地把握相关领域中的特征和特质。

（三）"见'水果'不见'苹果'"——选题涉及的核心概念太大

有位哲人说过：我们都吃过苹果和桃子，却从未吃过水果。这里的"水果"是属概念，苹果和桃子则是"水果"这一属概念中的种概念。从概念使用角度看，许多"宏大叙事"的青年研究文章往往只是浮在"属概念"层次上泛泛而谈，却甚少在"种概念"层面，更鲜有在"亚""种概念"层面上的具体分析和深度挖掘。之所以如此，与研究者自身对概念缺少必要的界定有着直接的关系。笔者多年编辑青年研究类学术期刊，对此有较深的感受。

比如"当代青年价值观念的变迁"一类的选题中，包含着"青年价值观念"这样的属概念。这个属概念中又包含着"人生价值观""职业价值观""婚恋价值观""审美价值观""文化价值观"等种概念。再比如，"青少年消费现状研究"这样的选题中，作者对"青少年"这个概念缺少必要的限制和界定，并未明确是何时、何地的青少年，这就导致它必然是个过于宽泛的概念。同样，"消费"的方式有很多，但选题中缺少基本的界定。这也使得这一概念显得过于庞大，令人难以把握。

一般来说，目前学术期刊刊载的文章的篇幅为 5 000 字左右。以这样的篇幅，要把"当代"变动不居的"青年价值观念"等属概念的内涵界定清楚，势必十分困难，更难以说清楚其流变的轨迹。这也就意味着以"当代青年价值观念的变迁"为题的研究及相关文章，将在"属概念"的层面上讨论问题。"宏大叙事"在所难免，对"青年价值观念"的认识的模糊、笼统和粗疏也在所难免。目前，青年研究成果中论文唱了主角，而类似"宏大叙事"的论文比比皆是，这就从一个侧面说明："宏大叙事"已经成为青年研究领域的一种"风格"和习惯。

（四）"错把选题当标题"——对选题涉及的内容缺乏明确见解

文章的选题不等同于文章的标题：选题是具体学术研究的对象范围，文章的标题一般来说是指以简洁凝练的文字对文章主要观点的表达。值得我们关注的是，不少青年研究的文章错把选题当标题，使得文章的题目过于"宏大"。2008 年，第四届中国青少年发展论坛以"改革开放三十年与青少年和青少年工作发展”为主题。据笔者粗略统计，论坛征集到的411篇论文中，大约有168篇或以“改革开放三十年与青少年××的发展”为题，或以“改革开放三十年青年××的研究/演变/特征……”为题目。通过这些题目，我们只能大致把握到作者试图研究的范围，却难以把握到作者意欲表达的观点。对此，笔者常常困惑：这些“宏大”的题目，是文章的标题，还是文章的选题？笔者以为，作者对“青年××”之类的概念缺乏必要的限制和界定，导致这些题目流于“宏大叙事”，从而出现了错把选题当标题的现象。

以简洁凝练的文字表达文章的主要观点，这不仅需要作者具有较强的文字表达能力，更需要作者对所研究范围内的主要问题了然于心，并形成自己明确、新颖和集中的意见与观点。著名文学家钱谷融先生的名著《论“文学是人学”》洋洋数万言，但其标题对观点的阐述何其鲜明、明确。然而，有钱先生之功力者毕竟是少数，许多青年研究者对选题涉及的内容还远未形成明确、新颖和集中的意见与观点，更不能以简洁凝练的文字表达这些意见和观点，只能把选题当标题，进行“宏大叙事”一番了。

综合上述，“宏大叙事”是一个借用的概念，主要指涉当今青年研究领域存在的一种值得特别关注的现象。这里的“叙事”主要指将材料和现象串联起来。“宏大”则主要指选题的宏大和概念的宏大。在种种“宏大”的背后，隐含着的是研究者对具体研究对象的一知半解，隐含着的是研究者对研究对象真知灼见的匮乏。

二、“宏大叙事”对青年研究的负面影响

（一）宏大叙事有助于青年研究“飞到高处”

C. W. 米尔斯说：社会学研究应该“飞到高处片刻来更清楚地观察社会世界中的某个东西，以解决某个问题——这个问题可根据历史得到陈述”[2]。所谓“飞到高处”，我认为是指从一定的理论高度，对某一领域在一定时间跨度和空间范围内的现象和事实进行整体性甚至“全景式”的辨析和把握，这势必会形成一种宏大叙事的风格。应该说，任何一种科学研究都需

要研究者"飞到高处",对研究对象进行宏大叙事。

青年研究并不排斥宏大叙事。比如,谢昌逵先生《对中国青年研究的反思》,田杰先生《"谁是青年"与"青年是谁"——关于青年研究的几个问题》,沈杰先生《"青年研究"何去何从?》,陈亮女士《我们的青年研究缺什么》,蒯辙、蔡富有先生《2007 年中国青年研究大反思意义何在——对大反思的再反思》等佳作都立足一定的理论高度,对"中国青年研究"问题做了整体性,甚至"全景式"的辨析和把握,体现出了宏大叙事的研究风格。

再以 2008 年第四届中国青少年发展论坛主题"改革开放三十年与青少年和青少年工作发展"为例。应该说,学术界全国性年会的参与者众多,年会确定的主题明确了会议关注和研讨的大致范围,具有宏大叙事的风格,这无可非议。同时,这一主题的确定,也充分体现了青年研究界在纪念改革开放 30 周年之际,"飞到高处",对"青少年"和"青少年工作发展"问题进行整体性,甚至"全景式"的辨析和把握的努力和追求。从这个意义上说,宏大叙事以人们既往对种种有意味的具体现象、种种生动细节的准确把握为基础;对对象进行整体性,甚至"全景式"的辨析和把握,对于青年研究自身回顾来路、展望前程有着非常重要的指导性意义。

(二)"宏大叙事"使青年研究罹患"学术虚胖症"

"宏大叙事"使人们缺乏对既往种种有意味的具体现象、种种生动细节的准确把握,其对青年研究健康发展的负面作用显而易见。

1. "宏大叙事"不利于青年研究具体准确地把握研究对象的现象和本质。C. W. 米尔斯主张"飞到高处"之后,紧接着又加上了"片刻"二字。他强调:撤退到对观念的系统性研究应该只是社会科学研究中的一个形式的片刻[3]。反之,固守于"高处",只能使"它的问题,它的过程,它的答案都是宏大理论性的"。

"飞到高处"只能是"片刻"。这意味着对研究对象进行整体性乃至"全景式"的辨析和把握是有限的、有前提的。这个前提就是,人们在"飞到高处"之前首先必须对一些具体的问题有深入细致的了解和研究,首先必须对

“具体的、经验性的问题”有“踏实感受”[4]。

比如说，面对“改革开放三十年来中国青年文化的发展”这一选题，研究者必须事先对中国青年文化的多种具体类型及其发展状况有具体深入的理解和准确的把握。然而，“宏大叙事”的青年文化研究者往往既不了解青年热衷的流行歌曲、街舞、“快闪”、流行语、流行服饰、流行影视、恶搞、桌游、“驴友”等具体生动的青年文化现象，更不理解这些文化现象背后蕴含着的青年人求新、求“炫”、求“酷”、求“囧”等心理律动。C. W. 米尔斯指出：宏大理论“由于对真正的问题缺乏踏实感受，他们的文章的不现实性非常显著”[5]。缺乏了这一基础和前提，研究也就难免从概念到内容都进行“宏大叙事”一番了。这样的研究显然不能具体准确地把握三十年来中国青年文化的现象和本质，不能形成自己明确、新颖和集中的意见与观点。

青年研究学者黄海指出：“我认为，迄今为止，应该承认青年研究仍然处于一个前学科发展时代，无论从对问题的把握与分析，还是对学科方法论的建设，都远远没有达到一种成熟学科的要求，仍然处于相对毛糙与泛意识形态的阶段。”[6]黄海的意见不是定论，却也揭示了青年研究在执着于“宏大叙事”的同时缺乏对现象和本质的具体准确的把握这一弊端。

2. “宏大叙事”不利于对青年问题的深度开掘。历史学家黄仁宇先生写作《万历十五年》，其意并非只是说说“万历十五年”的“那些事儿”，而是为了研究中国封建社会发展和衰落的规律。他站在世界史的角度，独具慧眼，抓住“万历十五年”这一平常年代出现的人和事，比如万历皇帝、张居正、戚继光、海瑞、申时行等人物，以及戚继光抗倭、张居正改革、海瑞罢官等史实，以此为“切入口”，深度剖析中国封建社会发展的轨迹和规律。研究中国封建社会发展的轨迹和规律，这应该是一个宏大叙事的选题，但黄仁宇却以小见大，展现了高超的研究功力。这样的研究朴实、扎实，匠心独运，值得青年研究者借鉴。

20 世纪 90 年代以来，一些青年研究者注重选择合适的切入口，通过具体深入的研究，逐步为把握相关的宏大理论进行必要的积累。比如黄海对湖南省长沙市某区青年街角社会的系列研究，通过对某“街角 DY 帮派”的分析，探析了“街角青年”产生的复杂社会环境、家庭环境和文化条件等多方面的复合因素。再如王珑玲、才立琴的《论青年价值观的评价与建构——从对“一代不如一代”的质疑与反思谈起》等研究，从小处着眼，却能够扎扎实实地向深处挖掘，从而为一些重大问题的研究夯实基础。这样的研究是有利于青年研究的健康发展的。

遗憾的是，此类善选切入口的研究还不多见，更多的还是“宏大叙事”的研究。比如青年文化研究方面，除了不少“宏大叙事”的文章外，我们很少见到对诸如“中性化”服饰潮等具体青年文化现象的深入研究；很少见到对芙蓉姐姐、凤姐、师洋等人走红现象背后青年文化价值观的深入发掘；很少见到抓住青年人对“无房无车”的抱怨这一切入口，对当下青年价值观念进行深入剖析和研究的文章。“宏大叙事”的青年研究只能在大选题、大概念层面懵懵懂懂打转，难以推进青年研究真正走向深入。

3. “宏大叙事”不利于青年研究的学科建设。对青年研究的学科建设，研究界早在 20 世纪 80 年代就曾进行过热议。《青年研究》在 1983 年 10 月召开的作者座谈会的会议纪要中写道：“新学科得以建立，大约先有一个经验描述的时期，这时还没有真正确立自己的对象和方法，只有自己的‘领域’或‘范围’，如青少年问题。在经验描述足以接触到本质的时候，才进入确立对象和方法的时期，才形成独立科学。当前的青年研究正处于这两个阶段之间。”[7]当下的青年研究处在什么位置？青年研究学者们认为：“在中国，青年研究经历了一条从突起到静观再到冷静上升的道路，青年研究的学科化、专业化进程都还有较长的一段路需要走。”[8]

这段路有多长？这取决于青年研究者们能不能从小处着眼，扎扎实实地向深处掘进，从而为一些重大问题的研究积累资料和细节，夯实理论与方法的基础。陈亮认为：“当下的青年研究更多的是现象的堆砌，很少有对本质的分析，因而就谈不上学术研究的知识增量。”“相对的繁荣并不意味着它已经成熟。”[9]“宏大叙事”以其“宏大”渲染着青年研究领域的“繁荣”，却使得青年研究罹患了“学术虚胖症”，势必会拖延青年研究发展的道路，延缓其学科化、专业化的进程。

三、青年研究中“宏大叙事”频现的原因分析

（一）研究队伍的限制

陆玉林指出：“就改革开放以来的我国青年研究的实际情况而言，规范化、专业化和科学化程度不是太高了，而是太低了，亟须解决的就是规范化、专业化和科学化问题。”[10]

规范化、专业化和科学化方面的问题首先与青年研究队伍的状况有关。由于历史的原因，目前青年研究的基本队伍主要来自三个部分：一是社科院所的研究者；二是高校思政工作者为主体的研究者；三是共青团系统的干部和教师。多年来，各路青年研究者筚路蓝缕，潜心研究，为中国青年研究事业的发展做出了很大的贡献。但是，我们同时也应该看到，按照青年研究事业发展的需求，目前青年研究的基本队伍中存在着一些不太适应的方面。

由于青年研究一般难以成为社科院所重点推进的“显学”，往往处于院所科研工作的边缘，相关的研究者难以全身心投入青年研究，难以在破除“宏大叙事”方面发挥更大作用。

高校思政工作者为主体的研究者往往忙于开展学生工作，管理事务繁杂，且工作流动性强。虽然他们常常因为工作的便利拥有了第一手资料，但这第一手资料一般仅限于本校，其材料的典型性、代表性等颇为可疑。同时，由于总体上缺乏理论和方法的积累，因此，他们往往以本校学生为例，通过有关资料的梳理，力图推广至其他高校的大学生。这样的研究往往是“宏大叙事”的重要策源地。

共青团系统的干部对青年问题和青年工作的最新状况一般比较敏感，但由于团务工作繁杂，他们往往难以静下心来专事研究。同时，他们往往更加熟悉行政文书的规制和习惯，其研究成果有时难免体现出总结报告的特点和“宏大叙事”的色彩；团属院校近年来吸纳了一大批接受过正规专业训

练的青年硕士、博士，使青年研究填补了不少新的专业视角。但值得注意的是，新人对新的研究领域一般都有一个较长的熟悉和适应过程。同时，青年硕士、博士还面临着需要在其专业背景和青年研究之间形成融合点的问题。这就决定了共青团系统的教师队伍在青年研究中难以充分发挥其应有的作用的现状。

从根本上说，只有解决了青年研究队伍的规范化、专业化和科学化问题，才能更有效地消除"宏大叙事"的现象。

（二）学术训练不够

这些年，学术界高度重视学术规范问题。笔者以为，除了研究界特别重视的文献使用规则、引证标注规则等问题之外，学术规范还包括立论阐述的逻辑规则等。立论阐述的逻辑规则大致包括以下几个方面的重要内容。

发现真问题；形成和提炼相关概念；对概念进行必要的界定和限制，保持概念的同一性；选择合适的切入口进行问题的研究；把握充分必要的论据；推理、论证的过程合乎逻辑、理由充足；等等。应该说，这些都是学术研究的基本要求。然而，恰恰是在这些基本方面，青年研究领域中还存在着一些学术训练不够的问题。

通过前文的分析，我们可以看出，学术训练不够，首先表现为对概念的认识不够和界定能力不强。一些研究者，特别是一些高校思政工作者把握和辨析概念的意识往往不够强，对概念的层次和概念的同一性等问题的把握常常不够准确到位。团属院校中的一些教师，包括一些受过硕士、博士教育的青年教师在这方面有时候也把握不当。比如，在使用"青年""青少年""未成年（人）""成年（人）""青春期""青年期"等概念时，不少研究者缺少必要的界定，随意使用，常常出现概念不清、概念太大、偷换概念、自相矛盾等混乱现象。还有一些研究者把学术研讨会的主题作为自己文章的具体选题。这实际上就透露了他们界定和驾驭概念的意识和能力不够强的现状。其次，学术训练不够还表现为对问题的把握能力不够强。研究的是什么问题？是客观存在的真问题，还是凭感觉提出的预设性问题？是老问题，还是新问题？如果是大问题，那么如何从中理出具体的小问题，并梳理出其间内在的逻辑联系？如何由多个小问题切入，逐步逼近大问题？最后，学术训练不够还表现为对观点和立场的提炼能力不够强。不少青年研究的成果往往在对现状进行梳理、对问题进行揭示、对原因进行分析后，再提出有关的对策。但值得注意的是，一些研究者却忽视了对问题之间、原因之间的内在逻辑关系的辨析和梳理，难以从中提炼出明确的观点和立场。文章摊子铺得开，却收不拢，缺乏清晰的思想主线。不少文章标题具有明显的"宏大叙事"风格——"试论……""X 和 Y""X 背景下的……问题研究"，这恰恰说明作者尚未提炼出明确、新颖、集中的意见和观点。此外，还存在着论证能力不够强的问题。

这些年来，青年研究界致力于提升学术水平，不少研究者努力学习和运用社会学、心理学、教育学、政治学、人类学等学科中的西方理论和方法。比如，有的研究者提出借鉴默顿的"中层理论"研究青年问题。这些努力自然有助于学术水平的提升。但有些研究者在旁征博引西方理论的同时，却忽视了问题把握、概念界定、论据积累、论证逻辑等方面的基本常识和学术规范要求。"宏大叙事"现象并非学习西方新理论新方法不够所致，而恰恰是一些研究者受到的学术规范的基本训练不够的结果。

（三）学术积累不够

学术积累除了通过前面所说的学术训练以外，还包括对有关研究领域的历史、现状、流变等方面的事实的了解和把握。这本是学术研究的题中应有之义，但在一些青年研究者那里，却往往难以做到。

一些青年研究文章的作者或者因为"以文赴会"必须提交论文，或者因为年度工作量考核必须发表论文，才心急火燎找一个自己有点熟悉或能够驾驭的题目。这样的题目一般都是"宏大叙事"的。然后，着慌着忙网上网下地收集材料，一有所获，往往如获至宝，全不知那些"至宝"也许早已成为地球人都知道的事情。这就如同一位前人所说的那样：华人初次站在伦敦街头，一眼望去，满街都是罗伯特。只有过了几天，他才能区别出这是囔鼻子的罗伯特，那是好脾气的约翰。平时学术积累不够，自然缺乏对选题和材料的甄别能力，自然不知不觉滑向"宏大叙事"的沼泽。

当然，以上几个方面还只是"宏大叙事"盛行导致青年研究罹患"学术虚胖症"的一些表层的原因。如果进一步思考的话，我们将看到更加深层的原因。这些更加深层的原因也许来自我们置身其中的学术生态环境，包括现行的职称评审机制、学术评价机制、科研成果考核机制等。学术生态环境又是一个宏大的概念，牵扯到数不清的方面，非本文所能捋清楚的。若明知不可为而强为之，则势必同样滑入"宏大叙事"的窠臼。

（刊载于《中国青年政治学院学报》2010 年第 4 期，原题为《浅议青年研究中的"宏大叙事"》）

参考文献：

[1] [美] 道格拉斯·凯尔纳，斯蒂文·贝斯特. 后现代理论——批判性的质疑[M]. 张志斌，译. 北京：中央编译出版社，2004.
[2][3][4][5] [美] C. W. 米尔斯. 社会学的想象力[M]. 陈强，张永强，译. 北京：生活·读书·新知三联书店，2005.
[6] 黄海. 从青年研究到青年学——一种真问题与真学问相结合的文化人类学反思[J]. 湘潭大学学报(哲学社会科学版)，2005(6).
[7] 谢昌逵. 对中国青年研究的反思[J]. 当代青年研究，2007(2).
[8] 徐浙宁. 青年研究：回溯·对话·展望——"青年研究基础理论建设研讨会"综述[J]. 当代青年研究，2007(7).
[9] 陈亮. 我们的青年研究缺什么[J]. 青少年研究与实践，2002(1).
[10] 陆玉林. 青年研究：学科逻辑与问题意识——论对改革开放以来青年研究的反思[J]. 当代青年研究，2007(5).

“数据当家”与实证研究

一、“数据当家”现象值得关注

“(20世纪)90年代以来，我国的青年研究由‘80年代’的‘学科建设热’，渐转到比较务实的实证研究，这是一个可喜的进步。不管是全国性的宏观研究(如《中国青少年发展状况研究报告1992年》《中国青年发展报告》)，还是地区性、局部性的微观研究(如散见于各种青年研究学刊中的各种规模大小不等的调研报告等)，无不折射出实证研究的光芒。”[1]

这段文字来自赵宪生先生的《正视问题，找出差距，再创辉煌——谈我国青年研究的现状》。之所以引用这些文字，是因为我觉得这些文字虽然写于十多年前，今天重读却并不感到过时。熟悉青年研究领域现状的人应该都会有一种共同的感受，那就是：高度重视实证研究确实是青年研究界近年来的一大特点。

实证研究是科学研究的一种范式和方法体系。实证研究往往通过对大量经验事实的科学归纳，形成某种具有普遍意义的结论或命题；再通过逻辑演绎等方法推导出某些结论，并将这些结论置于现实之中进行检验。其中有几个要点值得我们特别关注：一是注重以发生过的或者发生着的实际状况为研究对象，从实际出发，而不是从本本、概念出发开展科学研究；二是注重通过多种途径开展调查，从发生过的或者发生着的实际状况中广泛收集调查数据、具体事实等第一手材料；三是注重以调查数据、具体事实等第一手材料为论据，通过归纳、演绎等逻辑方式，形成凸显事实与本质的结论。

实证研究的主要方式包括问卷调查、个案访谈、随机采访、田野调查等。从这些年青年研究的实际情况看，问卷调查，特别是抽样调查最被倚重，运用最为频繁，为其他方式所难以望其项背。从某种意义上讲，问卷抽样调查似乎已经成为实证研究的主体和代名词。许多学术课题推出之初，人们首先要做的往往就是设计、发放、回收、统计问卷。不独学界如此，政府部门、公司企业在把握有关情况的过程中，也往往首选甚至只考虑问卷抽样调查。这似乎已经成为一种风气。近期又有一例：2011 年 4 月 22 日，药家鑫案开庭审理时，现场 500 名旁听人员（其中 400 人是大学生）各收到一份"旁听人员旁听案件反馈意见表"。问卷上除了庭审的合议庭成员名单，还有两个问题：您认为对药家鑫应处以何种刑罚？您对旁听案件庭审情况的具体做法和建议？至于是学界受政府部门影响，还是反之，则难以说清。

赵宪生说："目前的青年研究出现重定量分析轻定性分析……的现象。只要能够设计一套问卷，再做些统计分析，进行简单的归纳并得出结论，就可成为一种'学术成果'。"[2] 翻阅这些年来各类青年研究学术期刊和学术会议论文集，往往满眼图表、数据、百分比。这表明，赵宪生当年所描述的现象今天同样普遍存在。

许多以实证研究面目出现的学术论文往往都以调查报告为主要形式，以数据为提升文章学术价值的撒手锏。这些文章通常简单交代一番调查的缘由、背景、方法等，之后便以主要篇幅逐一展示得到的数据，再对数据的含义做一些简单的解说，最后，做一些结论，提一点对策，便大功告成了。有了数据，就有底气宣称自己直面了实际，避免了闭门造车；就认为论文有了当家的内容和靠得住的依据。在一些文章中，数据颇类于饥民瓮中的粮。有了粮，就可以吃上白面馒头，填饱肚子。至于营养是否充足、是否均衡，则无暇顾及，也无意顾及。然而，一旦抽去数据，这样的文章常常难免如同饥民家庭的灶台，只剩下些许烟熏火燎的痕迹，而研究者思想应有的灵动、深刻与穿透力则往往无迹可寻。事实上，在提出问题、收集素材、分析材料、得出结论的每一个步骤背后，都离不开理论和思辨的引导与支撑。缺少理论指导的实证研究是难以进行的。

这就是"数据当家"现象。"数据当家"有两层含义：一是把数据作为论文的核心和主要内容；二是把数据作为一种标签，显示研究的科学性和严谨性。学者们指出："这种肤浅的、缺乏普遍意义和理论根据的调查报告充斥在各种学术研讨会和青年研究刊物中，对青年研究的方向起着一定的误导作用：在青年研究中，似乎只有实证研究的成果才真正有价值，而定性分析和思辨性的理论研究则'统统可以扔掉'。"[3] 当然，这些年发表的许多调查报告是否都是"肤浅的、缺乏普遍意义和理论根据的"，自然不可一概而论，但把实证研究简化为问卷抽样调查，再进一步简化为获得数据，最终导致"数据当家"的现象确实是真实存在，也是值得高度关注的。

二、"马赛克拼图"难以准确反映实际状况

数据来自调查，主要是问卷调查。问卷调查中，又以抽样调查为主。这与被调查对象的范围比较广、数量比较大有着直接的关系。一般来说，穷尽所有被调查对象的全覆盖式调查，其可操作性比较低，实施难度很大，很多时候也无太大的必要。这与归纳推理一样。现实生活中，更多的是不完全归纳推理，而完全归纳推理则极少。事实上，人类的知识主要来源于不完全归纳推理。

抽样调查中，每一个样本都是一个点。抽样必然意味着形成样本的点阵。由此形成的数据群落也以点阵状呈现着被调查对象的状况。这种点阵

状的数据群落，必然会形成“马赛克拼图”的效果。样本量越小，样本间隔便越大，“马赛克拼图”的“颗粒”便越粗，其反映被调查对象状况的实际效果也就离“细腻”越远，容易产生以下几个方面的问题。

点的分布及点与点之间的边际状况难以得到充分反映和体现。在具体的问卷调查中，样本的选择及其相互间的间隔具有很强的专业性，是需要小心处理的问题。样本的代表性如何？样本之间的边际状况如何反映？面对众多未知的被调查对象，抽样调查一般都难以具体顾及样本分布和点与点之间的边际状况。

不同的调查者有不同的样本资源和不同的抽样策略。这也使得数据在反映现实状况方面难以实现人们所期待和标榜的所谓客观真实性①。

因此，通过抽样调查，人们对被调查对象的把握常常是粗线条的，难免朦胧模糊。“马赛克拼图”往往只能远观，却不能近看。当然，我们要看到，问卷调查得出“马赛克拼图”的结果，这也许是问卷抽样调查方法的一个基本特征，本身是很正常的。真正的问题在于，过于指望“数据当家”，仅靠问卷抽样调查就想“一招鲜吃遍天”，仅靠一幅“马赛克拼图”，就宣称准确把握了被研究对象的实际状况，这是对实证研究的背离，不免天真和简单了。

将实证研究简单化甚至等同于问卷抽样调查，等同于“数据当家”；将数据和图表当成实证研究的标签，如此非但不能充分发挥实证研究的作用，反而使实证研究走入了一个窄小的胡同。这正如把喜剧小品等同于赵本山的小品，难免使喜剧小品的发展之路越走越窄一样。“青年研究和其他社会科学的学科一样，需要将定性分析、定量分析和思辨研究的方式有机地结合起来，才能使局部的调查研究上升到整体的普遍意义，才能使其具有宏观的指导作用……如果我们在青年研究中‘罢黜白术，独尊实证’，不仅会造成理论上的偏差，而且更可怕的是会将青年研究引入一个狭小的、自我封闭的

① 马德峰对此类现象做了比较细致的研究。参见马德峰：“社会调查方法在青年研究中的应用现状——对 292 篇社会调查报告的分析”，《青年研究》2001 年第 4 期。

天地。”[4]

要准确把握被研究对象的实际状况，除了通过问卷抽样调查获得数据以外，我们还应该针对不同的适用对象和适用领域，灵活运用不同的研究方法。抽样调查得到的数据固然具有非常重要的参考价值，有助于人们把握“点阵”构成的总体状况，而个案访谈、随机采访、文献研究、田野调查等方法则有助于人们把握被调查对象的具体情况和微妙的情感律动，把握点与点之间边际状况的细微变化。几种方法配合使用，才能真正发挥实证研究的作用，帮助研究者更准确全面地把握现实状况。

三、“数据当家”难以促进青年研究的健康发展

青年研究三十多年发展的历史说明，实证研究有助于解决此前青年研究中普遍存在的内容空洞、论据不足、逻辑缺失等方面的问题。但是，实证研究具有很强的专业性，需要研究者经过系统的专业训练，熟练掌握抽样、调查、统计、访谈、分析等方面的专业技能和能力；需要研究者具有较为深厚的理论素养、较强的思辨能力。实证研究不是问卷和数据的简单堆砌。同时，实证研究也需要研究者预先对相关领域的现实状况有广泛深入的了解和把握。从某种意义上说，问卷调查更多的是验证和分析人们对现实状况的某些直观反应和常识性认识的重要手段，而不是把握现实状况的最主要手段，更不是可以“一招鲜吃遍天”的唯一手段。

之所以出现将实证研究简单化甚至等同于问卷抽样调查，等同于“数据当家”的现象，赵宪生认为，这与“我国的许多青年研究者往往为了图方便、省事，大都采取问卷调查，而不愿做艰苦深入的追踪访谈、参与观察和广泛的理论考证工作”有关。[5]

“图方便、省事”，这一点在马德峰的研究中也得到了证实。马德峰选取1993—1999年《青年研究》上发表的292篇社会调查报告进行了分析。分析显示：调查对象间比例分布不均衡。这与相当多的研究者为高校、科研院所的研究人员有关。他们对大学生、中小学生等比较熟悉和了解，研究起来比

较容易，相对来讲，对青年工人、青年军人、青年农民的接触和了解不多，故研究也相对较少。笔者在近几年的编辑工作中也深有同感。众多来稿中，调查报告一类的文章占一半以上。而调查的对象主要为大、中、小学生和机关青年。这与作者有"就地取材"的方便有直接关系。

相对而言，追踪访谈、参与观察和广泛的考证往往需要进行长期、深入、艰苦的研究和思考。这一方面需要研究者具有较高的理论素养和学术研究能力；另一方面需要研究者不断进行理论创新，对世界和人生形成新的认识和感悟。不少依靠"数据当家"的研究者也许恰恰在这些方面有所欠缺。平时忙于各种事务，无暇思考和研究，到了职称申报、绩效考核之时，则心急火燎找选题、发文章。在理论和素材甚少积累的情况下，设计一套问卷，就近在身边人群中做些问卷调查，再做些统计分析，敷衍出一个"数据当家"的调查报告，便成为一条方便、省事地拿出"学术成果"的捷径。近期便有一例：笔者看到一篇调研分析"多样化社会思潮背景下青年大学生马克思主义信仰"的来稿中，作者以某医学院大学生为对象进行了问卷调查，共发放同名调查问卷 220 份，回收有效问卷 213 份，有效回收率 96.8%。另外，作者还通过个别访谈等形式了解青年大学生马克思主义信仰的相关情况。作者自信地宣称：这一调查，使"我们能更为客观、全面地了解多样化社会思潮背景下的青年大学生马克思主义信仰现状"。如此局促的"实证"，就能使作者"更为客观、全面地了解"大学生马克思主义信仰现状？此种宣称实在令人难以置信。

"数据当家"式的"实证研究"，与学界所推崇的实证研究有着很大的距离。"数据当家"式的"实证研究"似乎很学术、很严谨，却掩盖了调查者（研究者）理论素养方面的严重欠缺，理论直觉方面的不足，以及实证和理论表达能力方面的捉襟见肘。它难以帮助青年研究更准确地把握青年世界的鲜活现状，难以真正起到促进学术积累，推动青年研究学科健康发展和学科建设的作用。

"数据当家"的现象与青年研究队伍的人员构成有关。目前，青年研究队伍主要由三方面人员组成：一是社科院所的研究者；二是高校思政工作者为主体的研究者；三是共青团系统的干部和教师。

这三方面人员中，高校思政工作者和共青团系统的干部、教师中，接受过系统的专业训练，熟练掌握抽样、调查、统计、访谈、分析等方面专业技能的人较少。他们所推出的种种调研报告中，“数据当家”现象较为突出。他们往往只是以自己管辖的年级和班级为抽样调查范围，设计一套问卷，取得一些数据后，便写出一份以“当代大学生……的调研报告——以××学校××专业××班级为例”为题的论文。事实上，他们是目前“实证研究”的热衷者和重要力量。

社科院所的研究者一般普遍具有较强的实证研究能力，但他们往往难以全身心耗时费力地投入青年问题的实证研究中。

近年来，一批具有社会学等学科专业背景的年轻研究者进入团属院校青年研究队伍。他们一般都受过较为系统的实证研究训练，也推出了一些有一定质量的青年研究领域的实证研究成果，但其在理论积累和对现实社会的深刻把握方面尚处“革命尚未成功，同志仍需努力”阶段，因此，他们暂时还难以担起从整体上改变“数据当家”现象的重任。

“数据当家”的现象也与现行的科研考核机制有关。现实生活中，现行的科研考核机制普遍为人们所诟病，这与其是现行政绩考核机制的某种程度上的翻版乃至拓本有关。现行政绩考核机制往往重数量、轻质量，重结果、轻过程，重“规范”、轻原创，习惯于把许多具体鲜活的事实干化为所谓“有说服力”的数据。毋庸讳言，这对现行科研考核机制的形成造成了根本性的影响。因此，只要许多单位求数量却忽视质量的“一刀切”的科研考核机制依然直接关系着人们的切身利益，“数据当家”的现象就会依然存在，“数据当家”的调查报告就依然会在各种学术研讨会和青年研究刊物上大行其道。而深入街角青年、深入各类青年自组织进行费时费力的田野调查①，

① 参见陈世海的《青年女性哭嫁习俗：在惯性中传承与断裂——鄂中地区哭嫁习俗的田野调查》，周伦府的《熟悉中的陌生：一位“80后”返乡农民工的社区体验》，以及黄海对长沙街角青少年的研究。

多年磨一剑式的扎实研究，则如沙漠喜雨般珍贵。

（刊载于《中国青年研究》2012 年第 1 期）

参考文献：

[1][2][3][4][5] 赵宪生. 正视问题，找出差距，再创辉煌——谈我国青年研究的现状[J]. 青年研究，1997(12).

思维训练：辅导员青年研究能力提升的基本途径

近年来，在党政越来越重视高校辅导员（以下简称“辅导员”）工作的背景下，全国专职辅导员队伍不断壮大，至2014年已有13万人左右[1]。2017年10月1日起施行的《普通高等学校辅导员队伍建设规定》（以下简称《规定》），明确辅导员是“高等学校学生日常思想政治教育和管理工作的组织者、实施者、指导者”，要求辅导员“努力成为学生成长成才的人生导师和健康生活的知心朋友”。《规定》为辅导员队伍建设走上制度化轨道指明了方向。值得注意的是，现实生活中，辅导员不仅是“开展大学生思想政治教育的骨干力量”，也已经成为青年研究领域一支具有独特优势的重要生力军。他们纷纷申报各类研究课题，开展调查研究，撰写研究报告和学术论文。辅导员参与科研工作的现状也已经引起了学术界的关注和研究。不少研究纷纷指出辅导员普遍科研意识不强、科研训练不够、科研能力不足、科研水平不高等现状和问题。但在具体行文中，这些研究普遍存在着依据不足、分析不够具体深入等方面的问题。如何准确把握辅导员的科研工作情况，如何使辅导员在青年研究的推进中发挥更大作用，如何使辅导员通过参与青年研究不断提升思维水平，从根本上促进其学生工作水平的提升，这些都是需要人们认真探讨的重要问题。

一、辅导员是青年研究的重要生力军

（一）辅导员参与科研工作的热情高、动力强

近年来，在青年研究学术期刊的作者队伍中，辅导员占据了很大的比例。笔者编辑青年研究学术期刊十数年，对此感触很深。笔者近年也连续多次参与了一些省市的年度青年发展论坛，应邀担任论坛优秀研究成果的评委和点评嘉宾。笔者发现，这些论坛 95%以上的参与者和研究成果的作者是辅导员。辅导员已经成为这些省市青年发展论坛的主角，也已经成为青年研究界的一支重要生力军。

辅导员成为青年研究学术期刊作者队伍中的重要力量，成为一些省市青年发展论坛的主角，这一现象与当下共青团工作覆盖面不够广、企事业单位团干部甚少参与科研工作等现状不无关系，更与辅导员参与科研工作的热情较高直接相关。笔者以“高校辅导员科研”为“主题”，在“中国知网”搜索，找到了 378 篇文章。从文章发表的年份看，2009 年之前，每年发表的对高校辅导员科研工作进行研究的论文均在 10 篇以下，2009 年猛增至 29 篇，2010 年 20 篇，2010 年后年均发表的论文篇数都在 35 篇以上。2009 年后，对辅导员科研工作的研究呈跳跃式大幅上升之势。这也从侧面说明，辅导员积极参加科研工作的热情高涨，越来越受到研究界的重视。

辅导员参加科研工作的热情高涨，与其岗位职责要求和职业发展需求直接相关。《规定》第二章(〈九〉理论和实践研究)要求辅导员：“努力学习思想政治教育的基本理论和相关学科知识，参加相关学科领域的学术交流活动，参与校内外思想政治教育课题或项目研究。”第三章第十一条“配备与选聘”规定，“专职辅导员可按教师职务(职称)要求评聘思想政治教育学科或其他相关学科的专业技术职务(职称)”。这就明确了科研工作与辅导员职

业发展之间的关系。对于辅导员来讲，开展学术研究，既从根本上有助于其岗位工作水平的提升，也将为其日后的人生发展奠定较好的基础。由此，尽管辅导员的科研能力有强有弱，但是，大多数辅导员参与科研工作的意愿和动力都比较强。

（二）辅导员科研工作的基本状况

1. 科研成果的主要类型。近年来，辅导员积极参与青年研究所取得的科研成果的主要形式，首先是各种调研报告，其次是他们参与编写的一些教材，再次是青年研究（主要是大学生研究）方面的学术论文。调研报告一类的成果数量最多。这些调研报告往往来自各省市教育行政管理部门（包括德育工作部门）、中国青少年研究会等推出的课题，以及一些学校、学术团体、团组织等发布的课题。相对于调研报告，辅导员参与编写教材和写作论文等的科研活动较少。编教材需要合适的人脉关系。辅导员往往比较年轻，除了研究生师门的一些人脉以外，其学术圈内的人脉关系相对较少，编教材的机会自然也比较少。独立写作论文对辅导员独立开展科学研究能力的要求更高。从这个意义上说，辅导员独立撰写、发表学术论文的数量较少，从侧面反映了其科研能力不够强的现实。

2. 科研工作的主要运作方式。辅导员们在申报课题的过程中，往往聚集几位同事、朋友，组成多个课题小组。在不同的课题里面，大家轮流担任课题组长，其他组员各有分工，各有侧重，有的出问卷，有的忙施测，有的忙统计。由于直接面对自己“管辖”的学生群体，他们在调研取样等方面有很多便利和优先条件。

3. 科研成果的主要内容。从辅导员研究的选题（课题项目）看，其研究所涉及的主要内容都与大学生直接相关，主要包括大学生的思想状况、思想引领、就业创业、社会实践、婚恋消费等方面的现状和问题。

（三）辅导员具有独特的青年研究优势

1. 辅导员具有参与科学研究，特别是参与青年研究的明显岗位优势。大学生是青年中具有鲜明特点的重要群体。大学生研究自然也是青年研究中的重要内容。辅导员对自己的工作对象大学生进行学术研究，事实上也就直接参与了青年研究。从这个意义上说，辅导员不仅是大学生思政教育的骨干力量，也是青年研究的重要生力军。

2. 辅导员对大学生的了解更加直接和全面。“高校辅导员是学生思想动态的第一知情人、学生生活困难的第一关心人、学生矛盾纠纷的第一调解人、学生欢乐的第一分享人、学生人生道路的第一引领人。”[2]辅导员承担着大学生“日常思想政治教育和管理工作”，处在大学生工作——青年工作的第一线，与大学生之间朝夕相处，有着比一般青年研究者更加直接和紧密的联系。一般专业教师主要关注学生的学业，辅导员则要关注大学生几乎所有的方面。这使他们往往能够拥有第一手鲜活的研究素材，在对大学生的了解方面——对宏观政策调整改革、经济社会发展、教育改革形势下大学生群体中发生的种种新变化，对大学生思想政治教育实践与研究工作的最新进展——具有独特优势。

3. 辅导员往往都很年轻，甚至与大学生年龄相仿。一项对山西、山东、河南、安徽、江苏、湖北、广西、贵州等 8 省 32 所院校共 154 位辅导员和 348 名学生的调研显示，“辅导员年龄在 25 岁—30 岁的占调查总人数的 66.68%，年龄在 31 岁—45 岁的占调查总人数的 33.32%，年龄在 46 岁以上的占 0%，队伍基本由中青年老师构成，并呈较高的年轻化趋势”[3]。与大学生年龄相近甚至相仿，这就使辅导员更容易和大学生打成一片，更容易对大学生产生“同理心”，更容易走近大学生，甚至走进大学生，从而在研究青年方面有着“近水楼台先得月”的独特优势。这就为他们成为青年研究的一支重要生力军提供了良好的条件。

二、辅导员科研工作中存在的主要问题

一些研究者对辅导员参与科研工作的情况进行了梳理和研究，得出了一些基本的结论：辅导员科研意识不强；科研能力不足，科研水平不高；科研条件欠缺，专业指导和科研训练不够；等等。应该说，这些研究是对辅导员

科研工作中较为普遍存在着的具体问题的揭示，总体上比较符合实际。但是，这些研究中也存在着依据不足、不够具体、不够深入等方面的问题。第一，认为辅导员科研意识不强。但何为科研意识？从哪些方面衡量科研意识？对这些问题，现有研究都缺乏必要的界定。一些研究者只是把一些辅导员的研究成果甚少作为其科研意识不强的依据。但这种依据未必可靠。实际上，在《规定》的引导下，出于履职和职称晋升的需要，很多辅导员的科研意识都很强。一些辅导员研究成果少，并非其科研意识不强，而是其科研能力不够的结果。第二，认为辅导员科研条件欠缺，专业指导和科研训练不够。科研工作需要哪些条件？科研训练包括哪些方面？辅导员科研训练如何不足？对这些问题，现有研究都没有具体展开，未能予以必要的说明。第三，认为辅导员科研能力不足，科研水平不高。有研究者提出："从学术论文的层次来看，具有较强社会影响力的高水平学术论文还不多，理论研究成果对工作实践的指导意义还有待加强。"[4]这些研究者更多是从近三年发表学术论文的篇数、发表论文期刊的等级、研究课题的等级、是否作为项目负责人等角度，即从科研工作的外围条件、外部反映等层面，评价辅导员的学术研究能力和水平的。而对辅导员科研水平不够高、科研能力不够强等问题，这些研究往往只是笼统地一笔带过，缺乏具体深入的分析，也缺乏必要的依据。

我以为，要准确把握辅导员科研工作中的问题，就必须深入辅导员科研过程和科研成果内部，从选题遴选、把握事实、学术逻辑等多个方面，进行学理层面的具体分析。

（一）"问题意识"不强

开展学术研究、写作学术论文首先要选好题。选好题首先取决于人们是否有较强的"问题意识"。"问题意识"是选题的基础。所谓"问题意识"是指人们在认知活动中对一些难以解决的实际问题或理论问题产生困惑、焦虑和探究欲的心理状态。选题"好"与"不好"，取决于人们对相关社会现实、相关学科领域的历史和现状、相关问题研究意义的了解和理解的广度与深度；取决于人们能不能在了解和理解的基础上，把握好“问题”的新与旧、真与伪、大与小。因此，选好题实在不是一件容易的事情。现在的辅导员选题能力普遍较为欠缺，这是必须正视的现状。不少辅导员之所以热衷于申报各种课题和项目，与课题客观上已经明确了基本的研究方向，无须辅导员自己再费脑筋思考“研究什么”和“写什么”等问题直接相关。不少辅导员热衷于参与教材编写也是如此，因为教材编写的选题、整体思路和逻辑框架等已有主编等人把关确定，辅导员只要根据大纲查找资料写作即可。辅导员“问题意识”不强，不善选题，主要表现在以下几个方面。

1. 跟风选题。笔者在多年从事青年研究学术期刊编辑工作的过程中发现，辅导员们的调研报告和论文所涉及的选题主要包括以下几个方面：新时期大学生思想政治教育研究，大学生职业教育与生涯教育研究，高校学生事务管理与服务研究，高校共青团理论与实践研究，高校团学干部队伍建设研究，高校辅导员队伍建设研究，等等。这些选题与大学生生活相关，辅导员们以它们为研究选题，一般也无可厚非，然而值得思考的是：一方面，这些老(旧)问题在新的社会环境下有着怎样新的具体特征和特质？另一方面，青少年大学生成长发展中值得研究的选题除此之外还有哪些？在很多辅导员的调研报告和论文中，在选题上“炒冷饭”的比例很高。

2. “宏大”选题。“宏大”选题主要指辅导员研究的一些选题题目太大。题目太大，一是指选题所涉及的时间跨度太长。不少论文动辄纵跨“当代”“改革开放三十年以来”、新时期以来、社会转型期、“我国城市化进程中”“中华人民共和国成立以来”等很长的时间跨度。二是指选题涉及的空间范围太广。不少论文往往以“中国青年”“当代青年”“当代大学生”等为研究对象，却并未具体明确这些“中国青年”“当代青年”“当代大学生”是东西的还是南北的，是沿海的还是内地的。三是指选题涉及的核心概念太大。不少辅导员显然没有搞清楚选题和标题的区别——选题是指学术研究的具体对象范围，文章的标题则是以简洁凝练的文字对文章的主要观点进行的表达——因此，不少辅导员往往只是在“属概念”层次上泛泛而谈(选题中所包含的概念往往都是“属概念”)，却甚少在“种概念”层面，更鲜有在“亚”“种概念”层面进行的具体分析和深度挖掘。[5]

3. 不“接地气”。辅导员和大学生朝夕相处，理应更了解青年的实际，更熟悉大学生活中的很多具体情况与生活细节。“接地气”原本应该是他们的一大优势。然而，一些辅导员并不是从把握具体问题入手寻找和确定选题的，而往往更加注重从选题可能比较讨巧，可能更容易被立项，更容易被发表等功利角度遴选选题。丰富多彩的大学生活常常被他们弃置一旁。从他们的调研报告和论文中，人们往往既不能透过考研的紧张认识青年就业创业之艰难，也不能透过翘课的慵懒把握教育教学与青年现状以及社会发展要求之间的差距。这就使他们的选题以及由此形成的研究成果常常不“接地气”。

(二)“实证研究”不实

在辅导员们的科研成果中，基于“实证研究”的调研报告数量最多。这些调研报告的基本结构大同小异：第一部分讲调研的背景、目的、方法、过程、统计的软件(版本)等；第二部分展示调研的结果，再加上一些分析，分析过程中，作者往往会套用一些主要来自西方的理论，因为有这些理论，作者往往写出这样的标题——“基于××理论视角的××研究”；第三部分主要是对策和建议。

在辅导员们基于“实证研究”的调研报告中，存在着一些明显的问题。这些问题主要包括以下几个方面。

1. 以数据代理论。从一定意义上讲，“实证研究”的过程就是验证人们的预期理解和假设的过程。因此，“实证研究”要求研究者对调研对象和内容要有预先的理解与假设、理论与思辨。“在提出问题、收集素材、分析材料、做出结论的每一个步骤背后，都离不开理论和思辨的引导支撑。缺少理论指导的实证研究是难以进行的。”[6]然而，不少辅导员往往是在对相关现实状况知之甚少，甚至一头雾水，对调研对象缺乏必要理论思考的情况下，通过发放问卷的方式进行“实证研究”的。他们搞“实证研究”的主要目的是获得数据，了解和把握相关情况。数据原本主要有两方面的基本意义：一是作为反映事物客观状况的一种表象；二是作为人们立论的一种论据。然而，在一些辅导员那里，数据似乎已经成为其研究成果中的“镇文之宝”和最大“卖点”。其“研究成果”——调研报告或论文展开的过程，已被异化为各种数据展示的过程。从不少辅导员数据“大轰炸”的各色调研报告中，人们往往难以感受到理论的启示和思辨的魅力。同时，费力获得了数据，却缺乏对数据材料的深度开发利用，实则浪费了大量的人力物力。比如一篇获得某省青少年研究成果奖的论文——《大学生返乡创业的现状分析及对策——以××省 101 个县区 862 名创业者为例》中，课题组于 2016 年 1 月—5 月，面向××省的 101 个县开展了问卷调研。课题组共发放问卷 900 份，回收有效问卷 862 份，有效回收率为 95.80%。这样的问卷调查动用了大量的人力物力。但除了一些可靠性可疑的数据以外，该报告缺乏作者自己的思考，能够给予社会和相关方面的启示意义其实非常有限。

2. 以问卷代“实证”。“实证研究不是问卷和数据的简单堆砌。”[7]“实证研究”包括却又绝不限于问卷调查，它还包括个案访谈、随机采访、文献研究、田野调查等多种具体的方法，具有很强的专业性。“实证研究”方法需要研究者经过系统的专业训练，需要研究者具有较为深厚的理论素养、较强的思辨能力。然而，现实生活中，很多辅导员恰恰把“实证研究”简单等同于问卷调查，一搞（课题）研究，就忙不迭出问卷、发问卷、搞统计。而其问卷内容的设计是否合理，施测和统计过程是否严谨，数据是否可信，分析是否科学，事实上都值得怀疑。然而，这些问题未能引起更多人的关注。

3. 以局部代整体。一些辅导员调查研究的范围十分有限，调查样本往往限于自己管辖的年级和班级。取得一些数据后，他们便写出一份以“当代中国大学生××的调研报告——以××学校××专业××班级为例”为题的调研报告，甚至（学术）论文。比如，有题为《××省留守儿童现状研究》的调研报告获得某省青少年研究优秀成果奖。设计、实施该调研的辅导员在省城××市××区的某学校进行了小型调研，“共发放问卷 210 份，回收有效问卷180份，有效回收率为85.7%”，获得了一些调研数据。调研规模有大有小原本很正常。但问题是，该辅导员竟以如此小型的调研获得的数据为依据反映“××省留守儿童现状”。毫无疑问，此种“实证研究”明显以偏概全，是不能帮助人们准确把握“××省留守儿童”的真实状况的。尤其是在社会急剧变化，青少年世代转换频率越来越快，青少年群体分化现象越来越明显的今天，这样的“实证研究”势难增进人们对青少年的了解和理解。

（三）逻辑规范不严

逻辑规范是“学术规范”的核心所在。逻辑是科学理论的思维基础。学术研究的基本逻辑规范主要体现在人们思维的内在逻辑性上：对问题的把握，对原因的分析，对对策和建议的提出。这就好比医生看病。首先，医生通过“望闻问切”，在感官所及的范围内直接获取关于病症的信息；其次，医生通过综合运用自己所掌握的医学原理，准确把握病因；最后，医生开具处方，对症（病因）下药。以此反观辅导员的科研工作，人们可以发现，在谨守学术逻辑规范方面，辅导员科研工作中还存在着很多问题。

1. 思维少严谨。在不少辅导员的研究成果中，要么缺乏对问题的把握，要么缺乏对原因的分析；要么缺乏立论的依据，要么立论的依据不过硬，整体思维框架往往“缺胳膊少腿”，残缺不全，显得非常随意，缺乏必要的严谨态度。此种状况，在辅导员的研究成果中并不罕见。比如前述《大学生返乡创业的现状分析及对策》一文中，作者主要谈了三方面的内容：一、研究方法；二、研究结果与分析；三、加强返乡大学生创业工作的对策。值得注意的是，在“研究结果与分析”和“加强返乡大学生创业工作的对策”之间，缺乏对问题背后原因的分析与把握。这就使得该调研报告的整体思维框架残缺不全。

2. 概念少界定。概念是对对象特有属性的归纳和总结。思想的表达，都离不开概念这一基本要素。对同一个概念的理解，往往因人而异。同时，在不同语境下，同一个概念的内涵和外延也常常会发生变化。因此，在运用概念表达思想的过程中，必须花大力气结合具体的对象、具体的情境，严格界定概念的内涵和外延。界定概念的过程，其实也是体现人们认知和思想水平的过程。但不少辅导员在运用概念时往往随心所欲，存在着多方面问题。首先是所使用的概念太大，缺少具体的分析和界定。所谓概念太大，是指他们所使用的概念往往是“属概念”层面的，其外延极广。比如，有位辅导员提交了一篇题为“新媒体环境下辅导员媒介形象提升策略研究”的文章。这个题目中包含着“新媒体环境”“辅导员”“媒介形象”等多个抽象概念，其外延都很广，而其内涵又不明确。因此，这实际上是一个研究选题，而不是一篇文章的标题。何为“新媒体环境”？“新媒体环境”的基本特点是什么？“新媒体环境”的主要意义(功能、作用等)有哪些？何为“媒介形象”？“媒介形象”的主要特点是什么？“媒介形象”的主要意义有哪些？首先，作者在全文中没有对这些概念进行必要的界定，而只是对这些现成概念进行使用。毋庸讳言，此种现象在辅导员的研究成果中可谓比比皆是。其次，对很多概念的内涵和外延，一些辅导员往往缺乏独立的思考和把握。有些辅导员也有界定概念的意识，但他们往往只是从《辞海》、教科书或一些著作当中现成抄录别人的定义。有的人则干脆直接从“百度百科”中下载所谓定义。在概念运用上存在的多方面问题，使不少辅导员往往难以聚焦具体问题，更难以深入开掘下去；也使不少研究成果中概念常常被偷来换去，逻辑思路非常混乱。

3. 问题少归纳。一般情况下，问题有大小轻重缓急之别，绝不可一视同仁。这就需要研究者善于对种种问题进行甄别，搞清楚诸多问题之间的内在逻辑联系，在此基础上进行归纳和提炼，以利于后续对问题背后原因的把握。不少辅导员在研究过程中也很注意对问题的把握，也能发现不少问题。但是，他们往往只是罗列问题，并把诸多方面的问题简单陈列在一起，却缺乏对问题之间内在逻辑联系的把握。不能对问题进行归纳，不能对问题之间内在逻辑关系进行合理的提炼和把握，就难以体现出研究者对问题的把握能力和过人见识。

4. 原因少梳理。一种问题之背后，往往潜藏着多方面的原因。而多种原因的重要程度，同样也并非一致。因此，在把握了问题背后的诸多原因之后，人们还需要对不同原因之间的关系进行深入的梳理，以确定主要原因和次要原因。这种梳理是必要的，如同把握住主要病因，就为医生的处方提供了依据一样，这为人们后续提出“对症(因)下药”的对策和建议提供了必不可少的依据。不少辅导员的研究成果都缺少对原因的梳理，或者把问题和原因混为一谈，缠杂不清，或者简单罗列原因，而对原因缺乏主次轻重的梳理。比如，在一篇题为“新形势下团组织服务青年阵地建设研究”的文章中，第三部分——“团组织服务青年阵地建设存在的问题及原因分析”涉及5个方面：建设资金短缺，缺乏骨干力量，服务队伍的稳定性比较差、覆盖面不广，影响力有待提高，缺乏共青团组织文化氛围。这里，作者把问题和原因混杂在一起，事实上既难以说清楚问题何在，也难以搞明白原因是什么。同时，如此排列这5个方面，也明显缺乏条理。把“建设资金短缺”放在首位，是不是意味着它最重要？“建设资金短缺”与“缺乏骨干力量”“队伍稳定性比较差”之间是否有因果关系？对此，作者缺乏必要的说明。另外，这5个方面之间也有一定的交叉和牵扯。比如，“缺乏骨干力量”与“队伍稳定性比较差”之间是否有交叉？凡此种种，作者都缺乏必要的梳理，难以帮助人们在种种复杂的关系中把握住主要问题和原因，从而无法为对策的制定提供重要的支持。

5. 对策少依据。不少辅导员的研究成果提出的对策建议，往往既缺乏必要的依据，相互之间又交叉重叠，显得自说自话。比如，前述《大学生返乡创业的现状分析及对策——以××省101个县区862名创业者为例》一文，文中除了一堆数据以外，缺乏对问题的把握和原因的分析。作者最后提出了5个方面的对策：重视返乡创业对经济内生增长的重要作用；树立科学创业教育理念，加强创业教育；举办返乡大学生创业培养班；运用新媒体手段，做好引导和服务工作；通过心理疏导等方式，缓解返乡创业压力。稍稍一分析，人们很容易发现这几个对策之间有很多交叉之处，且杂乱罗列、堆积在一起。比如“加强创业教育”和“举办创业培训班”之间就有重叠。同时，由于缺乏对原因的分析，这几个对策显得依据不够。这样便出现了明显的逻辑难以自洽等问题。而逻辑自洽是科学理论成立的基本前提。

总体上看，辅导员参与科研工作虽然推出了不少比较优秀的成果，但上述几个方面具体问题的存在严重制约了他们科研工作水平的进一步提升，也严重阻碍了他们在青年研究中特殊优势的养成与发挥。

三、辅导员科研能力不足的主要原因

辅导员科研能力不足，是多方面因素共同作用的结果。其中，社会氛围浮躁和辅导员在科研工作上投入的时间和精力不够等是外部因素，辅导员自身学术训练的欠缺则是内部因素。相对而言，辅导员自身学术训练的欠缺这一内部因素更值得重视。

（一）科研投入不够

按教育部要求，高校应该按照 1∶200 的比例配备辅导员。但是事实上，大多数辅导员工作强度很大，长期处于超负荷运转的状态。他们“承担了教育管理、帮困资助、心理健康教育、就业指导、党团建设、学生干部培养等多项职责，学校职能处室的很多工作都是通过辅导员来落实的，如献血、征兵、入学教育、安全教育、卫生检查、维护稳定等。有辅导员对日常工作进行了罗列，涉及 100 多项任务”[8]。从一定意义上讲，辅导员工作类似于基层居委会工作，说辅导员工作是“上面千根线，下面一根针”当不为过。工作内容繁杂，工作对象众多，工作要求多样，工作强度较高，所有这些都使很多辅导员疲于奔命，忙于应付，鲜有时间和精力进行学术积累，如对鲜活研究素材的积累，对现实和理论问题的思考的积累。平时少积累，到了要考核和晋升职称的时候，他们才心急火燎地看一点资料，出几份问卷，搞一堆数据，写一篇选题未必新颖、概念未做界定、数据有些可疑、思考十分匮乏的调研报告，再费心费力找地方发表。从一定意义上讲，在这样一种状态下，他们是难以静心思考问题，难以进行深入的学术研究的。

（二）学术训练不够

调研显示，“具有大学本科学历的人员占调查总人数的 21.57%，具有硕士学位的有 78.43%，其中以在职深造硕士为主，具有博士学位的无一人”[9]。总体上看，这样的调研结果基本反映了现实状况，说明高校辅导员的整体学历水平比较高。然而，整体学历水平比较高，却并非意味着他们学术研究的能力和水平也达到了一定高度。辅导员在学术研究方面存在的种种问题，与其所受到的社会科学研究的学术训练普遍不够直接相关。学术训练的基本内容包括培养人们对问题的把握能力，对问题之间内在逻辑关系的把握能力，以及对问题背后相关深层原因的把握能力等。在我看来，学术训练的基本目标之一就是逐步培养学术自觉。所谓学术自觉就是研究者清楚地知道自己具体要研究什么（what）、为什么要研究（why）、怎样研究（how）。辅导员社会科学研究学术训练不够的主要原因包括以下几个方面：

1. “专业不对口”。许多辅导员本科、硕士阶段所学习的都不是与学生工作相关的专业。他们中的很多人或是因为曾有从事团学工作的经历，或是因为学校设置了青年教师入职的“门槛”——做几年辅导员工作——才走上辅导员工作岗位的。这就决定了大学生思政教育和大学生管理“科班出身”的人在辅导员队伍中并非多数。有调查显示，“辅导员的学科知识与辅导员岗位职责以及学生的基本诉求并无较大相关性。参与问卷调查的辅导员中有 35.29%的教师是文体、艺术、语言类专业毕业的，27.54%的教师是理、工、农类专业毕业的，25.49%的教师是人文、哲学、思政教育类专业毕业的，具有管理学科知识的教师所占比例只有 7.84%。专业学科所占比例最小的是教育学和心理学（含社会学），为 3.92%，而这些学科又正是与学生普遍存在的情绪、情感、人际交往等心理疏导诉求最直接相关的学科”[10]。大多数辅导员都面临着角色转换、专业能力迁移的问题。如何顺利实现角色转换和专业能力的迁移，更好地适应大学生管理和研究的需要，这就要求辅导员们接受相应的学术训练。但现实情况是，在辅导员入职前后，很少有人接受过相应的学术训练。

2．“应试教育”的恶果。前武汉大学校长刘道玉曾指出：现在培养的十多万基本上不合格和学风不佳的博士，他们将会充实到大学和科学研究机构，由这些不合格的博士再培养出更多不合格的博士，这就是一个恶性的循环怪圈；所以，我预计，二十年以后，我国的教育和科学水平还要下降，与世界先进水平的距离还要拉大。[11]刘道玉先生的言论也许难免以偏概全，却未必没有揭示出一些真相，特别是学生学历水平与其实际水平之间并不匹配的现实状况。现行高等教育改革搞了很多年，却未能从根本上跳出所谓“应试教育”的窠臼。教师讲课，学生听讲记笔记，依然是当下高校课堂中教与学的主要形式。在大学课堂上，学生翘课现象严重，未翘课的一些学生中玩手机的、打游戏的、看视频的、睡大觉的不少。对这样的课堂景观，不少师生早已见怪不怪；课后，很少会有学生沿着教师授课中的提示主动自学。考试前，教师划重点，学生搞突击；考试中，学生主要依靠记忆，对课程所学知识进行卷面还原；考试后，种种知识点很快被遗忘。在此过程中，对学生独立思考的要求不多。至于所谓“研究性学习”，一方面少之又少；另一方面，其成效也值得怀疑。因此，独立思考习惯和独立思考能力的匮乏，已经成为当下很多高校毕业生共同的不足和缺陷。然而，学术研究最离不开的就是独立思考的习惯和能力。

3．忽视思维训练。独立思考能力的培养离不开长期的学习与实践。对于大学生来讲，其独立思考能力的培养，需要各学科教育教学的共同努力。其中包括“形式逻辑”“思维科学”等课程。各学科的教育教学是独立思考能力培养的基础，“思维科学”等课程的教学则是独立思考能力培养的直接、集中和专门的形式。如此形成的思维理论与方法的教学体系，对于学生独立思考能力的培养无疑很有帮助。但是，多年来，很多学校的学科教学往往以相关“陈述性”知识的灌输和给学生现成答案为主，而对学生“程序性”知识①

① 现代认知心理学把知识分为两类：陈述性知识和程序性知识。陈述性知识指狭义的知识，程序性知识主要指技能，包括认知技能和动作技能。认知技能又包括智慧技能和认知策略等。现代认知心理学认为，对学生进行某种技能的培养和训练时不应该忽视有关概念、规则等的传授，也不应该将学生埋入题海之中，埋头苦练，而是应当首先使学生掌握或理解有关操作或运算步骤的知识，然后通过变式练习，以促使陈述性知识转化为程序性知识。参见皮连生：《学与教的心理学》，华东师范大学出版社 2002 年版。

的培养教育则非常有限。很多学校当下已经很少，甚至不再开设“形式逻辑”“思维科学”等课程。作业、小论文等多种形式的练习是培养学生独立思考能力的重要途径。但是，现在很多学科的教学，尤其是文科的教学当中，这样的学生作业很少。如此，学生不仅对思维方式的基本理论和方法知之甚少，也因为缺乏多种形式的练习和实践的机会，难以将种种思维科学的理论和方法转化为独立思考的能力。在此情况下，独立思考习惯和独立思考能力的培养自然无从谈起。缺乏独立思考习惯和独立思考能力，学生在学术研究道路上必然行之不远。

此外，当下社会生活以及学术界中普遍存在着的急功近利的价值观和氛围，对这些年轻的辅导员也产生了不可忽视的负面影响。一些辅导员平时缺乏必要的思考和积累，只是为了满足各种晋升和考核的需要，才匆匆忙忙鼓捣些“急就章”找地方发表，或者上交应付考核。如此急功近利，焉能拿出高质量的研究成果来？因此，从根本上说，急功近利是各种“文字垃圾”产生的根本原因，也是青年研究难以更上一层楼，难以在社会科学界“登堂入室”的根本原因。对此，不少研究者已经进行了论述，此处不再赘言。

四、促进辅导员参与青年研究的主要思考

促进辅导员参与青年研究，既能收到提升辅导员职业能力水平的奇效，也在壮大青年研究的队伍、丰富青年研究的内涵等方面具有特殊的意义。因此，努力提升辅导员队伍的科研能力和水平，具有十分重要的基础性意义。

（一）切实为辅导员“松绑”

学校要严格落实教育部要求，配齐、配足辅导员，从而减轻辅导员工作的压力。同时，学校也要从强化制度建设和宣传教育入手，支持和敦促辅导员改变当下“保姆式”的工作方法，把该学生自己完成的事务还给学生，培养学生办实事的能力。要多管齐下，帮助辅导员从繁重的事务中适当抽出时间，用于思考辅导员工作，研究自己的工作对象——青年大学生——的现

象、特点和问题。同时，接受系统扎实的学术研究的培训，特别是科学思维方式的培训。

（二）强化辅导员学术研究基本功的培训

科研成果是人们运用多种思维方式把握问题、分析原因、提出对策的结晶。科研能力是人们思维能力的体现。思维能力是人们灵活运用不同思维方式，把握问题、分析原因、提出对策的能力。经过千万年的进化和发展，人类发展出了功利思维方式、科学思维方式、艺术思维方式、宗教思维方式等四大思维方式。在学术研究过程中，人们主要运用的是科学思维方式。“科学思维方式是人们在对一些实际问题进行深入探究时所普遍采用的一种思维方式。科学思维方式追求的核心是‘真’，即事实的本来面目，事物背后的机理、缘由，现象背后的本质，事物之间的必然联系等。其基本思维模式是‘实事求是’。科学思维方式注重以客观事实为原材料，注重概念的清晰和明确，注重推演过程的严密。”[12]科学思维方式被广泛运用于科学研究过程中。

实事求是地看，当下辅导员普遍缺乏的首先不是研究范式、实证研究的方法、后现代理论和方法等方面的高深理论，而是在问题把握、概念使用、论据把握、逻辑推理、思维层次安排、切入口选择等多方面的基础能力。毫无疑问，加强对辅导员科学思维方式的教育和训练，将有效促进他们对客观事实和问题的把握，对概念的梳理和明确，对推演过程严密的重视，以及对“是什么”“为什么”“怎么办”等问题的系统追问。提升辅导员科研能力的重点，不在于提升他们的学历水平，而在于提升他们的思维能力。因此，一方面，要针对大多数辅导员普遍缺乏科学思维方式上的系统训练的实际，为辅导员开设科学思维方式理论和方法的系列课程，帮助辅导员通过“思维科学”“逻辑学”等课程的学习，把握科学思维方式的基本要求和规范；另一方面，要帮助辅导员强化科学思维方式的实践运用。要通过把握问题、遴选选题、界定概念、把握论据、调查研究、论文写作等多种具体的实践途径，帮助辅导员在实际运用的过程中真正领会和把握科学思维方式的基本要求，并把各种相关理论和方法转化为学术研究的基本能力。这方面的教育、实训，对于辅导员来说可谓雪中送炭。

高校学工部门要充分利用高校内部的师资优势，组建导师团，为辅导员选配学术研究指导教师。指导教师要从那些真正具有学术自觉的资深研究者中遴选和确定。指导教师的配备和指导应该实现长期化和制度化。指导教师工作的重点在于以系统传授科学思维方式的基本理论和方法为基础，以指导辅导员参与实际学术研究活动等为抓手，帮助辅导员培养科学思维能力，以促进其科研能力的提升。

（三）搭建辅导员参与青年研究的平台

针对近年来辅导员已经成为各省市青年研究学术研讨活动中的主要群体这一现实状况，高校和各级青年研究机构应该因势利导，为辅导员参与青年研究搭建更加广阔的平台。一是学术指导平台。可以充分发挥青年研究机构中专家学者的作用，为辅导员开办讲座，传授青年研究的相关理论和方法。二是课题研究平台。要充分利用"阳光计划"和"立德树人计划"，系列课题资助项目(教育部人文社科思想政治教育研究专项，省市哲社规划类课题思政专项，省市教委德育咨询德育理论、德育实践课题)等现有平台的作用。这样的平台不仅仅可以用于发布课题，而且可以通过课题跟踪管理及时为辅导员科研工作提供服务。三是学术交流平台。可以通过研究成果发布、优秀论文评奖等多种形式，促进辅导员间、辅导员与青年研究学术界之间的学术交流。

需要指出的是，青年研究学术期刊在此过程中大有可为。青年研究学术期刊要给予辅导员特别的关注，要从先期介入辅导员的研究入手，从选题把握、逻辑规范、论据整合、思维框架等多方面，对辅导员进行有针对性的指导。这样，既可以帮助辅导员不断提升研究能力，也可以为学术期刊自身培养和造就作者。当然，这需要包括高校党政、辅导员自身、青年研究界专家学者和学术期刊编辑在内等多方面力量的共同努力。

（刊载于《青年发展论坛》2018 年第 1 期）

参考文献：

[1] 陈九如，乐程，陈勇. 高校辅导员科研能力的现状分析与提升路径[J]. 高校辅导员学刊，2014(8).
[2][8] 沙军. 高校辅导员科研能力的现状及对策[J]. 思想理论教育，2013(5).
[3][9][10] 魏梅，汪明. 高校辅导员队伍现状及其科学建设[J]. 南京工程学院学报(社会科学版)，2016，16(2).
[4] 刘佳，王林清. 高校辅导员科研能力建设现状调查与思考——以中国地质大学(武汉)辅导员公开发表的学术论文为例[J]. 信阳师范学院学报(哲学社会科学版)，2017(1).
[5] 刘宏森. 浅议青年研究中的"宏大叙事"[J]. 中国青年政治学院学报，2010(4).
[6][7] 刘宏森. "数据当家"与实证研究[J]. 中国青年研究，2012(1).
[11] 宋赵来. 学术腐败：动摇中国的发展根基[J]. 书摘，2010(8).
[12] 刘宏森. "创新思维"培养何以艰难？[J]. 现代基础教育研究，2015(1).